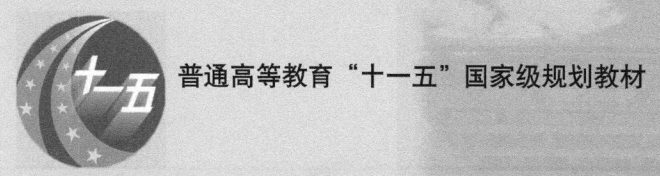

对外汉语短期强化系列教材

A series of Chinese textbooks for short-term intensive training programs for foreigners

SHORT-TERM READING CHINESE

第二版
2nd Edition

汉语阅读速成

入门篇
Threshold

朱子仪　郑蕊 ■编著

北京语言大学出版社
BEIJING LANGUAGE AND CULTURE UNIVERSITY PRESS

©2011 北京语言大学出版社，社图号 11007

图书在版编目（CIP）数据

汉语阅读速成. 入门篇 / 朱子仪，郑蕊编著. — 2版. — 北京：北京语言大学出版社，2011.1（2025.4 重印）
ISBN 978-7-5619-2971-1

Ⅰ. ①汉⋯ Ⅱ. ①朱⋯ ②郑⋯ Ⅲ. ①汉语-阅读教学-对外汉语教学-教材 Ⅳ. ①H195.4

中国版本图书馆CIP数据核字（2011）第 014162 号

汉语阅读速成・入门篇
HANYU YUEDU SUCHENG・RUMEN PIAN

策划编辑：	付彦白　张　建
责任印制：	邝　天

出版发行：	北京语言大学出版社
社　　址：	北京市海淀区学院路15号，100083
网　　址：	www.blcup.com
电子信箱：	service@blcup.com
电　　话：	编辑部　8610-82303647/3592/3395
	国内发行　8610-82303650/3591/3648
	海外发行　8610-82303365/3080/3668
	北语书店　8610-82303653
	网购咨询　8610-82303908
印　　刷：	北京富资园科技发展有限公司

版　次：	2011年1月第2版	**印　次：**	2025年4月第11次印刷
开　本：	787毫米×1092毫米 1/16	**印　张：**	8
字　数：	103千字		
定　价：	35.00元		

PRINTED IN CHINA

凡有印装质量问题，本社负责调换。售后QQ号1367565611，电话010-82303590

修订说明

作为"对外汉语短期强化系列教材"的组成部分,《汉语阅读速成》系列教材自2002年出版以来,以其系统、明快的形式和注重课堂教学实效的内容,受到海内外汉语教学界的普遍欢迎,被北京语言大学汉语速成学院以及国内外其他院校和自学者广泛采用。2002年出版的《汉语阅读速成》共4册,包括《基础篇》、《提高篇》、《中级篇》和《高级篇》,2004年又补充编写了《入门篇》,从而形成了《汉语阅读速成》从初级到高级共5册的阶梯式系列教材。

《汉语阅读速成》系列教材出版八年来,中国的社会状况有了很大的变化,新闻媒体和公众关注的热点问题在不断更新,需要以一些新的内容和词汇来替代教材中已经过时的、旧的内容和词汇,以增强教材的时效性和教学的实用性。在教材使用过程中,我们也发现,在课文、注释和练习等环节有某些不妥之处。因此我们对教材进行了认真的修订。这次修订保持了2002年版的整体框架和基本特色,同时力求使修订后的教材能适应汉语国际推广的形势,在更高的水准上满足海内外从事汉语教学(尤其是短期强化教学)的教师和学习者的需要。

编　者

2010年12月

前　言

本教材是《汉语阅读速成》系列教材的入门篇，是整套教材的第一个台阶。

《汉语阅读速成》是一套供短期进修和速成课程使用的，以提高汉语阅读技能为目的的阶梯式、组合式系列教材，同时也是《汉语口语速成》系列和《汉语听力速成》系列（北京语言大学出版社出版）的配套教材。全套教材共分5册——《入门篇》、《基础篇》、《提高篇》、《中级篇》和《高级篇》，教材难度相当于汉语水平等级的2~5级。每册教材设12课，供暑期进修班或6~10周的短期班使用。

所谓阶梯式是指各分册具有较明显的等级特征，词汇和语言点都参照相应的汉语等级标准。所谓组合式是指各分册可组合起来，供学习时间较长的进修生使用。比如，将第一二分册、第二三分册、第三四分册或第四五分册两两相组合，可分别供半年制（即一个学期）相应等级的教学班使用。全套五个分册构成一个相对完整的系统，力求在对学生阅读技能的培养和提高方面有所突破。

本套教材的编写根据短期生的特点，以增强学生对汉语篇章和段落的阅读理解能力为主，细读和快读结合，并在练习编写中将中高级HSK阅读部分的典型题型融合其中；在较短的学习时间内使学生接触尽可能多的汉语书面语的典型篇章，熟悉其中常用词语和句式的用法，引导学生学会运用与提高阅读效率有关的阅读策略（如预测、选择、推断等），以增强阅读理解能力。教材所选课文不仅题材广泛、风格多样，而且对当代中国社会生活各方面的话题、热点问题有较广泛的覆盖，有助于学生熟悉和掌握与语言学习相关的社会文化背景知识。

《汉语阅读速成》各册的基本编写体例如下：

每课基本都由细读部分和快读部分构成，两个部分各包含生词、注释、课文和练习等内容。

生词部分放在课文之前，便于学生课前进行预习，同时也是为了强调学生对生词的预习。生词部分前三册包括词表、拼音、词性和英文翻译，后两册包括词表、拼音、词性和中文解释。考虑到各册相对独立的特点，各册所出生词有一定数量的重复。

注释部分主要涉及典型书面语句式、重要词语用法、词语搭配和社会文化背景知识。

为适应相应的等级标准，本套教材第二版的课文大都作了一些改动，但除了《入门篇》之外，其他各册的课文一般不作过多的改写，允许一定程度的越级现象存在，使课文尽可能体现汉语书面语的典型面貌。中级阶段的课文短小精练，高级阶段的课文也不是太长，能集中体现和展示汉语文体的特点。每一分册的课文都对相应等级的词汇和语言点有较大比例的涵盖。无论是细读部分还是快读部分，本套教材的课文都标明了字数，并参照相应等级的阅读要求规定了阅读时间，每篇课文的答题时间是根据所给练习的量和难度而定的。《基础篇》每课后的补充课文，是针对短期生汉语水平差异较大的复杂情况而设定的，教师可以根据学生的具体情况灵活取舍。

练习部分体现阅读课的教学方式。练习一般紧紧围绕课文进行，突出对内容的理解，也可通过练习对重要书面语句式、词语的用法进行展示和强化，便于学生掌握。练习形式力求灵活多样，部分练习模仿形式HSK中高级阅读部分典型题型。

每册教材编出一份生词表，标出每个生词的拼音、词性及所在课的课数，以备查阅。

我们对任课教师提出如下教学建议：

每课教学时间为4学时。前2学时用于细读部分的练习，对课文中重要句式、词语的讲练及对妨碍理解的难点的讲解；后2学时用于快读部分的练习，对课文难点的讲解。

为了突出阅读课的课型特点，提高课堂阅读练习的实效，课前只要求学生预习生词，不必预习课文，练习也都在课堂上的规定时间内完成，但要求学生课后进行认真复习。

鉴于短期留学生的复杂情况，教师在使用本套教材时可以有一定的灵活性，可根据学生的具体情况对做细读或快读练习的时间进行相应的调整。

编　者

目 录 Contents

第一课　Lesson 1　　　　　　　　　　　　　　　　　　　(1)
细读课文　年轻人的节日多
快读课文　去酒吧

第二课　Lesson 2　　　　　　　　　　　　　　　　　　　(10)
细读课文　天气预报
快读课文　黄金周游客人数

第三课　Lesson 3　　　　　　　　　　　　　　　　　　　(19)
细读课文　春节家庭团聚"246"变成"421"
快读课文　跟着妻子回丈母娘家过年

第四课　Lesson 4　　　　　　　　　　　　　　　　　　　(28)
细读课文　多事的父母和不听话的孩子
快读课文　漂亮的少儿读物

第五课　Lesson 5　　　　　　　　　　　　　　　　　　　(36)
细读课文　一个人过年
快读课文　我的愿望

第六课　Lesson 6　　　　　　　　　　　　　　　　　　　(45)
细读课文　北京的交通问题
快读课文　走哪条路？

第 七 课	Lesson 7	(53)

细读课文　婺源
快读课文　我为什么爱城市？

第 八 课	Lesson 8	(61)

细读课文　怎样才能健康？
快读课文　每天要喝八杯水吗？

第 九 课	Lesson 9	(69)

细读课文　泰山、济南、曲阜自助游
快读课文　自助游怎么花钱合算？

第 十 课	Lesson 10	(79)

细读课文　借儿子
快读课文　谁来做家务？

第十一课	Lesson 11	(89)

细读课文　户外活动
快读课文　早饭吃不吃没关系吗？

第十二课	Lesson 12	(98)

细读课文　哑巴与手机（一）
快读课文　哑巴与手机（二）

生词表　Vocabulary　(107)

部分练习参考答案　(115)
Answer key to some exercises

第一课　Lesson 1

细读部分

生　词　New Words

1. 传统　　chuántǒng　（形、名）　traditional; tradition
2. 甚至　　shènzhì　　（连）　　even,（go）so far as to
3. 食物　　shíwù　　　（名）　　food
4. 粽子　　zòngzi　　 （名）　　pyramid-shaped dumpling made of glutinous rice wrapped in bamboo or reed leaves
5. 月饼　　yuèbing　　（名）　　moon cake
6. 吸引力　xīyǐnlì　　 （名）　　attraction
7. 恰恰　　qiàqià　　 （副）　　just, exactly
8. 满足　　mǎnzú　　 （动）　　to satisfy
9. 此外　　cǐwài　　　（连）　　besides, in addition, moreover
10. 丰富　 fēngfù　　　（动、形）to enrich; affluent

注　释　Notes

① 端午节　Duānwǔ Jié　Dragon Boat Festival
中国传统节日，在农历五月初五，各地有吃粽子、赛龙舟等风俗。
It's a traditional Chinese festival on the 5th day of the 5th lunar month with

the customs of eating *zongzi*（pyramid-shaped dumpling made of glutinous rice wrapped in bamboo or reed leaves）, holding dragon boat races, etc. in various areas.

2 中秋节　Zhōngqiū Jié　The Mid-Autumn Festival
中国传统节日，在农历八月十五日，有赏菊花、吃月饼等风俗。
It's a traditional Chinese festival on the 15th day of the 8th lunar month with the customs of appreciating chrysanthemums, eating moon cakes, etc.

3 非……才……　fēi … cái …
表示一定要有某种条件才能怎么样。
It indicates something happens only under a certain condition.
例：他非自己去看一看才相信那是真的。

4 圣诞节　Shèngdàn Jié（12月25日）
Christmas（December 25）.

5 情人节　Qíngrén Jié（2月14日）
Valentine's Day（February 14）.

6 万圣节　Wànshèng Jié（11月1日）
All Saints Day（November 1）.

课　文　Text

年轻人的节日多

字数：264字　　阅读时间：3分钟　　答题时间：15分钟

现在的中国年轻人过的节日越来越多，除了中国的传统节日以外，还要过很多西方的节日，有的年轻人甚至更喜欢过西方的节日。这是因为，中国的传统节日大多与食物有关系，如春节的饺子、端午节的粽子、中秋节的月饼等。现在人们的生活水平提高了，这些食物平时也能经常吃到，不是非要等到节日时才吃。所以，这些节日对年轻人当然就没多少吸引力了。年轻人喜欢玩儿，西方的一些节日恰恰满足了他们。比如圣诞节，圣诞节有圣诞晚会、圣诞树和圣诞老人，很热闹，也很有意思，人们可以玩儿一个晚上。此外，二月的情人节、十一月的万圣节，也都被年轻人用来丰富自己的幸福生活。

练 习 Exercises

1. 根据课文内容填空 Fill in the blanks according to the text：

(1) 课文中提到的中国的传统节日有_____
_____

(2) 课文中提到的西方的节日有_____
_____

(3) 课文中提到的在中国传统节日时吃的食物有_____
_____

(4) 课文中形容年轻人喜欢过某一节日时用到了哪些词？
_____
_____

2. 根据课文内容选择正确答案 Choose the right answers according to the text：

(1) 过中国的传统节日
    A. 都要吃饺子   B. "吃"是很重要的内容
    C. 对年轻人很有吸引力

(2) 年轻人节日多是因为他们
　　A. 过中国的节日，也过西方的节日
　　B. 喜欢玩儿，每天都是节日
　　C. 可以经常吃到好吃的东西

(3) 在年轻人看来，过西方的一些节日
　　A. 可吃的食物更多　　　　B. 每次都可以玩儿一个晚上
　　C. 更热闹、更有意思

(4) 西方的一些节日最可能
　　A. 吸引老年人　　　　B. 满足不了小孩子的要求
　　C. 吸引年轻人

(5) 中国传统节日里吃的食物
　　A. 不是经常能吃到的　　　　B. 年轻人自己不会做
　　C. 经常吃就没有吸引力了

(6) 在年轻人过的节日里，课文中没有提到
　　A. 母亲节　　　　B. 情人节　　　　C. 中秋节

3. 选择最接近下列画线词语意思的解释

Choose the closest explanations for the following underlined words：

(1) 现在人们的生活水平提高了，这些食物<u>平时</u>也能经常吃到，不是非要等到节日时才吃。
　　A. 每天上午　　　　B. 平常时候　　　　C. 不上班的时候

(2) 这些食物平时也能经常吃到，不是<u>非要</u>等到节日时才吃。
　　A. 一定要　　　　B. 不要　　　　C. 很需要

(3) 年轻人喜欢玩儿，西方的一些节日<u>恰恰</u>满足了他们。
　　A. 非常　　　　B. 合适　　　　C. 正好

(4) 此外，二月的情人节、十一月的万圣节，也都被年轻人用来丰富自己的幸福生活。
   A. 除了这些以外　　　　B. 到了这个时候
   C. 特别重要的是

4. 用适当的动词填空 Fill in the blanks with the right verbs：

等　吃　满足　要　玩儿　有　过　丰富　吸引

(1) 现在的中国年轻人过的节日越来越多，除了中国的传统节日以外，还_____过很多西方的节日，有的年轻人甚至更喜欢_____西方的节日。

(2) 这些食物平时也能经常吃到，不是非要_____到节日时才吃。

(3) 传统的过节方式_____不了年轻人的需要。

(4) 过圣诞节，人们可以_____一个晚上。

(5) 很多西方的节日都被年轻人用来_____自己的幸福生活。

快读部分

生词 New Words

1.	酒吧	jiǔbā	（名）	bar, bar room
2.	不快	búkuài	（形）	unhappy, displeased
3.	家务	jiāwù	（名）	household chores
4.	聚会	jùhuì	（动）	to get together

5.	大多数	dàduōshù	（名）	great majority
6.	反感	fǎngǎn	（形）	disgusting
7.	难怪	nánguài	（动、副）	to be understandable; no wonder
8.	酗酒	xùjiǔ	（动）	to indulge in excessive drinking
9.	随着	suízhe	（介）	along with
10.	接受	jiēshòu	（动）	to accept
11.	能力	nénglì	（名）	ability, capability
12.	强	qiáng	（形）	strong
13.	皱眉	zhòu méi		to frown

课 文 Text

去 酒 吧

字数：279字　　阅读时间：3分钟　　答题时间：8分钟

忙完一天的工作，你能不能把心中的不快或者家务事放在一边，带上妻子，或者找几个朋友，去那个办公室里的年轻人常常聚会的地方坐坐？试试吧，也许这可以改变一下你的生活。那个地方，就是酒吧。

以前，"酒吧"这两个字，大多数人都觉得不是个好词，不少人对酒吧的出现很反感。这也难怪，这种从外国学过来的东西，刚开始的时候总是让传统的中国人把它与"不健康"联系在一起，比如酗酒、乱交朋友。不过，随着经济的发展，中国人，特别是年轻人的精神世界越来越丰富，对各种外来文化的接受能力也越来越强。慢慢地，街上的酒吧越来越多了。也许有一天，你也会走进街上的一个酒吧——以前让你皱眉的地方。

注 释 Note

精神世界　jīngshén shìjiè　Inner world or mental world
与"物质世界"相对
It is opposite to the material world or physical world.

练 习 Exercises

1. 根据课文内容选择正确答案 Choose the right answers according to the text：

(1) 作者觉得酒吧是一个什么样的地方？
　　A. 让人反感的地方　　　　B. 只有年轻人才去的地方
　　C. 可以让人放松的地方

(2) 以前人们大多认为酒吧怎么样？
　　A. 是不健康的　　　　　　B. 可以丰富日常生活
　　C. 可以改变一下生活

(3) 现在人们为什么能接受酒吧？
　　A. 收入增加了　　　　　　B. 精神世界丰富了
　　C. 有空闲时间了

(4) 过去人们对酒吧的看法，以下哪一项在课文里没有提到？
　　A. 交不好的朋友　　　　　B. 喝酒太多
　　C. 花钱太浪费

（5）可以和你一起去酒吧的人，以下哪一项课文里没有提到？

    A. 朋友   B. 父母   C. 妻子

2. 选择对下列词语或句子的正确理解

Choose the right explanations for the following words or sentences：

（1）（你）把心中的不快或者家务事放在一边。

    A.（你）心中的不快或者家务事都不存在了。

    B.（你）别管心中的不快或者家务事。

    C.（你）总是在想心中的不快或者家务事。

（2）（你）去那个办公室里的年轻人常常聚会的地方。

    A.（你）去的地方年轻人经常去。

    B.（你）去的地方有的同事经常去。

    C.（你）和同事们常在那里聚会。

（3）大多数人都觉得"酒吧"不是个好词。

    A. 不少人认为"酒吧"不是个该去的地方。

    B. 很多人不理解"酒吧"的意思。

    C. 词典里找不到"酒吧"这个词。

（4）这也难怪

    A. 这不能怪别人   B. 这很奇怪   C. 这不奇怪

（5）刚开始的时候总是让传统的中国人把它与"不健康"联系在一起。

    A. 开始时有人觉得去酒吧身心不健康。

    B. 开始时人们就觉得这没有什么问题。

    C. 开始时有人觉得这种情况不太正常。

（6）乱交朋友

    A. 交不该交的朋友   B. 交很多朋友   C. 交不到朋友

(7) 随着经济的发展，中国人，特别是年轻人的精神世界越来越丰富。
    A. 经济发展了，中国人精神方面也丰富了。
    B. 中国人精神世界丰富以后才有了经济的发展。
    C. 经济发展不会引起中国人精神方面的变化。

(8) 也许有一天，你也会走进街上的一个酒吧——以前让你皱眉的地方。
    A. 也许有一天，你也会去你以前不喜欢的酒吧。
    B. 也许有一天，你也会去你以前没去过的酒吧。
    C. 也许有一天，你也会去你以前很感兴趣的酒吧。

第二课　Lesson 2

细读部分

生　词　New Words

1.	预报	yùbào	（动）	to forecast
2.	气温	qìwēn	（名）	air temperature
3.	预计	yùjì	（动）	to calculate in advance, to estimate
4.	偏	piān	（形）	inclined to one side
5.	达	dá	（动）	to reach, to amount to
6.	下降	xiàjiàng	（动）	to go down, to drop
7.	市民	shìmín	（名）	city resident, townspeople
8.	晴朗	qínglǎng	（形）	fine, sunny
9.	充足	chōngzú	（形）	adequate, sufficient
10.	零下	líng xià		below zero
11.	户外	hùwài	（名）	outdoor

课　文　Text

天气预报

字数：274字　　阅读时间：4分钟　　答题时间：15分钟

今天一大早，天上的云就很厚，几乎看不到太阳，气温较低。今天后半夜,本市将开始下雪,预计可能会一直下到明天白天。随着较强冷空气的到来,天空会慢慢变晴,并刮起偏北风,风力可达四五级。虽然气温不会很快下降,但市民会感觉很冷,外出的朋友应该多穿衣服。晚上风力会减小到三四级。星期日天气晴朗,阳光充足,但是气温却很低。预计星期六、星期日的最高气温为0~1℃,最低气温在零下6~8℃。

这场雪会给交通带来不利影响。雪天路滑,司机朋友开车要注意慢行,行人也要注意安全。明后两天的天气不适合爬山、跑步等户外活动,也不适合洗车,打算洗车的朋友最好还是等雪后天晴了再洗。

练 习 Exercises

1. 根据课文内容填空 Fill in the blanks according to the text:

(1) 今天的天气情况是_____
_____

(2) 星期六、星期日的天气情况是_____
_____

(3) 课文第一段提到天气会对人产生什么影响?人们要注意什么?
_____
_____

(4) 下雪会对人们开车和户外活动带来哪些不便?人们要注意什么?
_____
_____

2. 根据课文内容选择正确答案 Choose the right answers according to the text：

(1) 今天早晨天气怎么样？
    A. 温度较高   B. 阳光不充足   C. 开始下雪

(2) 今天晚上天气怎么样？
    A. 开始刮风   B. 天空的云更厚   C. 开始下雪

(3) 星期日天气怎么样？
    A. 最低气温 0~1℃   B. 天气晴朗   C. 刮偏南风

(4) 这场雪会怎么样？
    A. 会给开车带来麻烦   B. 不会有不利影响
    C. 会使空气变得新鲜，适合爬山

(5) 打算洗车的朋友可以怎么做？
    A. 可以用雪洗车   B. 赶快去洗车
    C. 等下完雪再洗车

(6) 这三天的天气情况怎么样？
    A. 气温很低   B. 没有风，但较冷
    C. 每天后半夜都下雪

3. 选择最接近下列画线词语意思的解释

Choose the closest explanations for the following underlined words：

(1) 今天后半夜，本市将开始下雪，<u>预计</u>可能会一直下到明天白天。
    A. 提出明天的计划   B. 仔细进行计算
    C. 估计将来的情况

(2) 随着较强冷空气的到来，天空会慢慢变晴，并刮起偏北风，风力<u>可达</u>四五级。
    A. 可以是   B. 可以达到   C. 可是

(3) 星期日天气晴朗，阳光充足，但是气温却很低。
A. 多到能满足需要　　　　B. 还是不太够
C. 给人温暖

(4) 雪天路滑，司机朋友开车要注意慢行，行人也要注意安全。
A. 车开得很慢　　　　B. 车开得很快
C. 不能开车

(5) 明后两天的天气不适合爬山、跑步等户外活动。
A. 在家里进行的活动　　　　B. 在屋子外面进行的活动
C. 去外地旅游

4. 用适当的动词填空 Fill in the blanks with the right verbs：

刮　变　带　到来　下　下降　适合　为　穿

(1) 今天后半夜，本市将开始下雪，预计可能会一直_____到明天白天。

(2) 随着较强冷空气的到来，天空会慢慢_____晴。

(3) 冷空气_____的时候，会有四五级的风。

(4) 市民会感觉很冷，外出的朋友应该多_____衣服。

(5) 预计星期六、星期日的最高气温_____0~1℃。

(6) 这场雪会给交通_____来不利影响。

(7) 明后两天的天气不_____爬山、跑步等户外活动。

快读部分

生 词 New Words

1.	黄金周	huángjīnzhōu	（名）	golden week
2.	游客	yóukè	（名）	tourist
3.	假期	jiàqī	（名）	vacation, holiday
4.	景点	jǐngdiǎn	（名）	scenic spot
5.	人次	réncì	（量）	person-time
6.	高峰	gāofēng	（名）	peak
7.	分别	fēnbié	（副）	separately, respectively
8.	同期	tóngqī	（名）	the corresponding period
9.	上升	shàngshēng	（动）	(of grade, degree and amount) to go up, to increase
10.	专家	zhuānjiā	（名）	expert
11.	按	àn	（介）	according to
12.	以往	yǐwǎng	（名）	past
13.	惯例	guànlì	（名）	convention, usual practice

注 释 Notes

1 黄金周 huángjīnzhōu golden week

"黄金"比喻最好的、宝贵的、兴旺的。"黄金周"指在某一方面很宝贵、很兴旺的一星期，如"旅游黄金周"。

"黄金" refers to the best thing or something precious or flourishing. "黄金周"

means a week during which something is precious or flourishing, e.g. "旅游黄金周".

2 国庆节　Guóqìng Jié

开国纪念日。中国的国庆节是每年的10月1日。

National Day（in China observed on October 1）

3 (低)于　(dī) yú　(lower) than

"于"表示比较。"低于"的意思是"比……低"。比如"这个月的收入低于上个月"，意思是"这个月的收入比上个月低"。"于"还有"大于"、"少于"、"高于"、"好于"等用法。

"于" indicates a comparison. "低于" means "to be lower than", e.g. "The income of this month is lower than that of the last month." Such phrases also include "大于", "少于", "高于" and "好于".

课　文　Text

黄金周游客人数

字数：346字　　阅读时间：4分钟　　答题时间：8分钟

七天的"十一黄金周"假期已经过去了！从昨天（10月7日）开始，北京各主要旅游景点的人数开始明显减少。昨天本市全天游客人数已下降到约89万人次，明显低于这次"十一黄金周"最高峰日（10月3日）的一百多万人次。

在北京的主要景点中，八达岭长城、故宫、世界公园、颐和园和奥林匹克森林公园昨日的游客数分别为5.1万、7.7万、3.06万、8万和5万人次，都已低于10月6日的游客人数。其中除了八达岭景区的游客数比去年同期上升10%左右外，故宫、世界公园、颐和园和奥林匹克森林公园的游客数都比去年同期下降了约10%。

专家介绍，按以往"十一黄金周"的惯例，10月2日应是游客最高峰日，但是由于那天北京有雨，游客最高峰日出现在了10月3日。10月4日、5日也是游客高峰日，10月6日后游客人数就开始明显减少。

练习 Exercises

1. 根据课文内容选择正确答案 Choose the right answers according to the text：

(1) 这次"十一黄金周"游客人数最多的是哪一天？
　　A. 10月2日　　　B. 10月3日　　　C. 10月4日

(2) 对这次游客的最高峰日，课文是什么看法？
　　A. 推迟了　　　B. 提前了　　　C. 和预计的一样

(3) 故宫昨天的游客人数是多少？
　　A. 8万人次　　　B. 5.1万人次　　　C. 7.7万人次

(4) 10月2日北京的天气情况怎么样？
　　A. 晴朗　　　B. 刮风　　　C. 下雨

(5) 与去年10月6日相比，今年10月6日八达岭景区的游客人数是增加了还是减少了？
　　A. 增加了　　　B. 减少了　　　C. 既没增加也没减少

第二课
Lesson 2

2. 选择对下列词语或句子的正确理解

Choose the right explanations for the following words or sentences：

(1) 昨天本市全天游客人数开始明显减小。

　　A. 昨天这个城市从早到晚的游客人数开始明显减小。

　　B. 昨天这个城市上午的游客人数开始明显减小。

　　C. 昨天全国全部的游客人数开始明显减小。

(2)（游客人数）明显低于这次"十一黄金周"最高峰日的一百多万人次。

　　A.（游客人数）比最高峰日多了不少。

　　B.（游客人数）比最高峰日少了许多。

　　C.（游客人数）达到了最高峰日的人数。

(3) 比去年同期下降了约10%。

　　A. 和去年一样下降了约10%。

　　B. 去年这个时候下降了约10%。

　　C. 和去年同一时期相比下降了约10%。

(4) 按以往"十一黄金周"的惯例……

　　A. 按照过去"十一黄金周"的规定……

　　B. 按照过去"十一黄金周"通常的情况……

　　C. 按照过去"十一黄金周"的计划……

(5) 游客最高峰日

　　A. 游客人数最多的一天

　　B. 游客人数最多的地方

　　C. 旅游景点交通问题最严重的一天

3. 用适当的词语填空 Fill in the blanks with the proper words：

在北京的主要_____中，八达岭长城、故宫、世界公园、颐和园和奥林匹克森林公园昨日的游客数_____为5.1万、7.7万、3.06万、8万和5万_____，都已低于10月6日的游客人数。_____除了八达岭景区的游客数比去年同期上升10%左右外，故宫、世界公园、颐和园和奥林匹克森林公园的游客数都比去年同期_____了约10%。

第三课 Lesson 3

细读部分

生 词 New Words

1.	团聚	tuánjù	（动）	(of family members after separation) to reunite
2.	夫妻	fūqī	（名）	husband and wife
3.	景象	jǐngxiàng	（名）	scene, sight
4.	儿媳	érxí	（名）	daughter-in-law
5.	女婿	nǚxu	（名）	son-in-law
6.	庙会	miàohuì	（名）	temple fair
7.	不时	bùshí	（副）	at times, now and then
8.	搀扶	chānfú	（动）	to support sb. by the arm
9.	批	pī	（量）	lot, group, batch
10.	大多	dàduō	（副）	for the most part, mostly
11.	冷清	lěngqing	（形）	lonely, desolate
12.	享受	xiǎngshòu	（动）	to enjoy

注 释 Notes

1. 年夜饭 niányè fàn New Year's Eve dinner

2. 独生子女 dúshēng zǐnǚ Only child

3 除夕 chúxī New Year's Eve
农历一年中最后一天的夜晚（又称大年夜），也可指一年中的最后一天（也就是大年三十）。

It refers to the night of the last day of the lunar year. It is also known as "大年夜", or the last day of the lunar year.

4 初一、大年初一 chūyī、dànián chūyī Lunar New Year's Day
农历一月一日。

It is the first day of the lunar year.

5 天伦之乐 tiánlún zhī lè family love and happiness
家庭成员生活在一起的快乐。

It means the happiness shared by the family members when spending time together.

课 文 Text

春节家庭团聚"246"变成"421"

字数：390字　　阅读时间：5分钟　　答题时间：15分钟

以前，中国人过春节时家庭团聚的方式一般是妻子到丈夫的父母家过年，现在却是年轻人接两家老人到自己家团聚。王女士一家七口就是这样过年的：他们把双方的父母都接到了自己家，一起吃年夜饭、包初一饺子。今年有不少年轻夫妻像王女士这样，是和双方父母在一起过年的。他们说，独生子女越来越多，节日亲人团聚的方式也该变了。

以前，最常见的家庭团聚景象是"246"式：一对老夫妻和儿子、儿媳、女儿、女婿，以及五六个小孙子、孙女儿坐在一个大桌子边吃饭。可在近些年,在除夕的餐厅里、在大年初一的庙会上,人们不时可以看见一对年轻夫妻搀扶两对老人,领着一个小孩的景象。家庭团聚方式变为"421"。

王女士告诉记者:"我和我爱人都是最早的那批独生子女。以前节日团聚,大多是女方到男方父母家过年。那时每个家庭的子女多,女儿不在身边也不显得冷清。现在为了让两家老人都能在节日时享受天伦之乐,我们决定和两家老人一起过年。"

练 习 Exercises

1. 根据课文内容填空 Fill in the blanks according to the text:

(1) 课文里"246"的意思是_____

_____

(2) 课文里"421"的意思是_____

_____

(3) 家庭团聚方式发生变化的原因是_____

_____

2. 根据课文内容选择正确答案 Choose the right answers according to the text:

(1) 王女士一家

　　A. 去男方父母家吃年夜饭

　　B. 和双方父母去餐厅团聚

　　C. 把两家父母接到自己家过年

(2) 由于现在的年轻夫妻大多是独生子女,因此

　　A. 家庭团聚的方式开始发生变化

B. 春节就一定要去庙会玩儿

C. 把双方父母都请到家里来才热闹

(3) 按照过去的习惯，过年时夫妻

　　A. 去男方父母家团聚　　　　B. 和双方父母团聚

　　C. 去女方父母家团聚

(4) 现在的年轻夫妻有不少

　　A. 是双职工　　　B. 是独生子女　　　C. 只要一个孩子

(5) 年轻夫妻和两家老人一起过年，是为了

　　A. 节省时间，节省开支　　　B. 让孩子玩儿得更快乐

　　C. 让老人不感到冷清

3. 选择最接近下列画线词语意思的解释

Choose the closest explanations for the following underlined words：

(1) 以前，中国人过春节时家庭团聚的方式一般是妻子到丈夫的父母家过年。

　　A. 吃年夜饭和包饺子　　　B. 去看望父母

　　C. 全家人在一起过年

(2) 以前，最常见的家庭团聚景象是"246"式：……

　　A. 情景　　　B. 方式　　　C. 风景

(3) 人们不时可以看见一对年轻夫妻搀扶两对老人，领着一个小孩的景象。

　　A. 经常　　　B. 很少　　　C. 一直

(4) 以前节日团聚，大多是女方到男方父母家过年。

　　A. 全部　　　B. 大多数情况　　　C. 不太多

(5) 现在为了让两家老人都能在节日时<u>享受天伦之乐</u>，我们决定和两家老人一起过年。

    A. 参加愉快的活动　　　　　B. 互相见见面

    C. 感到家庭的快乐

4. 用适当的动词填空 Fill in the blanks with the right verbs：

    看见　享受　搀扶　接　坐　领　决定　显得　包　团聚

(1) 过去妻子到丈夫的父母家过年，现在却是年轻人_____两家老人到自己家团聚。

(2) 王女士一家七口一起吃年夜饭、_____初一饺子。

(3) 一对老夫妻和儿子、儿媳、女儿、女婿，以及五六个小孙子、孙女儿_____在一个大桌子边吃饭。

(4) 人们不时可以看见一对年轻夫妻_____两对老人，_____着一个小孩的景象。

(5) 那时每个家庭的子女多，女儿不在身边也不_____冷清。

(6) 现在为了让两家老人都能在节日时_____天伦之乐，我们_____和两家老人一起过年。

快读部分

生　词　New Words

1.　丈母娘　zhàngmuniáng　（名）　wife's mother, mother-in-law
2.　成文　chéngwén　（动）　to be in the written form

3.	规矩	guīju	（名）	rule, established practice
4.	娘家	niángjia	（名）	home of a married woman's parents
5.	婆家	pójia	（名）	husband's family
6.	考虑	kǎolǜ	（动）	to think over, to consider
7.	欢喜	huānxǐ	（形）	happy, joyful
8.	忧	yōu		worried, anxious
9.	说服	shuōfú	（动）	to persuade
10.	团圆	tuányuán	（动）	(of family members) to reunite
11.	采取	cǎiqǔ	（动）	to adopt, to take

课文 Text

跟着妻子回丈母娘家过年

字数：292字　　阅读时间：3分钟　　答题时间：8分钟

以前，夫妻在男方父母家过年是不成文的规矩，但现在不少男士开始跟妻子去丈母娘家过年了。今年29岁的李先生去年刚结婚，因为妻子家只有两位老人在家，妻子在过年前就提出：年三十回娘家过，元宵节再到婆家去。李先生考虑到哥哥会回家过年，觉得不能让"一家欢喜一家忧"，就同意了妻子的要求，并说服了父母。孙女士已经是第二次带丈夫回娘家过年了。她认为，现在都是独生子女了，如果按照旧传统，每年除夕夜，女方的父母只能自己过。"谁家父母不想孩子？谁不想一家人团圆呢？"孙女士如是说。结婚两年的许先生采取的是另一种方式：过年吃两顿饭。夫妻两人先在一家吃上半顿，然后再赶到另一家吃下半顿。这样，双方父母都满意。

练 习 Exercises

1. 根据课文内容选择正确答案 Choose the right answers according to the text：

   (1) 李先生一家今年春节有什么打算？
      A. 在自己家过年　　　　　B. 去男方家过年
      C. 去女方家过年

   (2) 李先生同意了妻子的意见，他是怎么考虑的？
      A. 他没去过妻子的家
      B. 他哥哥可以和父母一起过年
      C. 这是他们婚后的第一个春节

   (3) 孙女士是第几次带丈夫回家过年了？
      A. 第一次　　　　B. 第二次　　　　C. 第三次

   (4) 孙女士是怎么想的？
      A. 当父母的都想和子女团圆
      B. 去年去了男方的家，今年换一换
      C. 现在应该与传统的做法相反

   (5) 许先生过年时采取的是什么方式？
      A. 今天去这家，明天去那家
      B. 只去看望，不吃年夜饭
      C. 同一顿饭去两家吃

2. 选择对下列词语或句子的正确理解

Choose the right explanations for the following words or sentences：

(1) 不成文的规矩

　　A. 不是正式的规定，但大家都照着做

　　B. 现在已经不存在了的风俗习惯

　　C. 只是嘴上说说，谁也不照着做的规定

(2) 妻子在过年前就提出：……

　　A. 妻子在结婚前就说过　　　　B. 妻子在春节前就说过

　　C. 妻子在前年就说过

(3) 年三十回娘家过，元宵节再到婆家去。

　　A. 除夕去男方家，元宵节去女方家。

　　B. 除夕去女方家，元宵节去男方家。

　　C. 除夕、元宵节都打算去女方家。

(4) 一家欢喜一家忧

　　A. 家里有时快乐，有时发愁

　　B. 双方父母都有担心的事情

　　C. 一方父母高兴，一方父母忧愁

(5) 谁不想一家人团圆呢？

　　A. 大家都想能够团圆。　　　　B. 不知道能不能团圆。

　　C. 大家已不想团圆的事情了。

(6) 过年吃两顿饭。

　　A. 过年那一天少吃一顿饭。

　　B. 年夜饭在两个地方各吃一顿。

　　C. 过年在一个地方吃两顿饭。

3. 用适当的词语填空 Fill in the blanks with the proper words：

今年29岁的李先生去年刚结婚，因为妻子家只有两位老人在家，妻子在过年前就_____：年三十回娘家过，元宵节再到婆家去。李先生_____到哥哥会回家过年，_____不能让"一家欢喜一家忧"，就同意了妻子的要求，并_____了父母。

第四课　Lesson 4

细读部分

生　词　New Words

1.	多事	duōshì	（动）	to be meddlesome
2.	听话	tīng huà		to be obedient
3.	即使	jíshǐ	（连）	even if
4.	播出	bōchū	（动）	to broadcast
5.	心理	xīnlǐ	（名）	psychology, mentality
6.	建议	jiànyì	（动、名）	to propose, to suggest; suggestion
7.	沟通	gōutōng	（动）	to communicate, to exchange (views)
8.	观点	guāndiǎn	（名）	point of view
9.	强迫	qiǎngpò	（动）	to compel, to force
10.	成熟	chéngshú	（动、形）	to become mature; mature
11.	标志	biāozhì	（名）	sign, mark, symbol

注　释　Notes

1 有什么……的？　Yǒu shénme…de?

用反问语气表示不同意、不接受先前别人的看法。

It is used to express a disapproval or disagreement of other people's former opinion, e.g.

例：大家都是一个班的同学，有什么不好意思的？

2 面对面 miàn duì miàn face-to-face
脸对着脸，当面。
It means face-to-face, to sb.'s face, e.g.
例：两个人面对面坐着。

课文 Text

多事的父母和不听话的孩子

字数：301字　　阅读时间：4分钟　　答题时间：15分钟

"爸妈不让我晚回家，即使在同一个小区的同学家多待一会儿也不行。这么近，有什么不安全的？一放学回家，爸妈就催我写作业，也不让我休息一会儿。写作业的事儿我自己知道，不用他们催……"孩子们觉得父母太多事，不理解自己。

"我给女儿在商场买了件衣服，放在家里两个月她也不穿，她还问我：'别人让你做你不愿意做的事情，你高兴吗？'可是，我女儿自己买的衣服我实在不喜欢……"父母们觉得孩子真难管。

在今晚中央电视台播出的《心理访谈》中，父母和孩子将面对面说出自己的心里话。专家建议双方应互相沟通和理解。父母可以不同意孩子的观点，但要给他们一个说出来的机会。不要强迫他们做事，要告诉他们，学会理解别人才是成熟的最重要的标志。

练 习 Exercises

1. 根据课文内容填空 Fill in the blanks according to the text：

(1) 课文介绍的是_____

_____

(2) 父母和孩子应利用这个机会说出_____

_____

(3) 孩子不满意父母的地方是_____

_____

(4) 父母不满意孩子的地方是_____

_____

(5) 专家对双方的建议是_____

_____

2. 根据课文内容选择正确答案 Choose the right answers according to the text：

(1) 父母要求孩子早回家主要是因为什么？
  A. 怕孩子学习太累 B. 怕不安全
  C. 怕孩子贪玩

(2) 孩子很不喜欢父母什么？
  A. 催他们做作业 B. 叫他们多休息
  C. 带他们去买东西

(3) 孩子觉得父母怎么样？
  A. 对自己非常关心 B. 对自己比较理解
  C. 做了很多没必要做的事

(4) 女儿不穿父母买的衣服是因为什么？
  A. 不喜欢 B. 衣服不合适 C. 舍不得穿

(5) 父母对孩子自己选的衣服感觉怎么样？
   A. 感到新鲜　　　　　B. 不太关心　　　　　C. 不能接受

(6) 父母觉得孩子怎么样？
   A. 不听话　　　　　　B. 不快乐　　　　　　C. 学习不努力

(7) 文中最后一段提到的专家不可能是哪个领域的专家？
   A. 心理学家　　　　　B. 教育学家　　　　　C. 历史学家

(8) 专家认为当父母的应该怎么做？
   A. 经常对孩子提出高要求　　　　B. 帮助孩子学会理解别人
   C. 坚持自己的意见

3. 选择最接近下列画线词语或句子意思的解释

Choose the closest explanations for the following underlined words or sentences：

(1) 爸妈不让我晚回家，即使在<u>同一个小区的同学家</u>多待会儿也不行。
   A. 这个同学家离自己家很近　　　B. 这个同学住在他家里
   C. 这个同学来他家玩儿

(2) <u>这么近，有什么不安全的</u>？
   A. 离家不远也会有危险　　　　　B. 离家不远不可能有危险
   C. 离家远一点儿就不安全

(3) <u>写作业的事儿我自己知道，不用他们催</u>。
   A. 我知道他们会催我写作业
   B. 没作业时他们也催我做作业
   C. 我自己知道什么时候该写作业

(4) 要告诉他们，学会理解别人才是<u>成熟的最重要的标志</u>。
   A. 从这方面可以看出孩子是否成熟了
   B. 成熟是非常重要的事情
   C. 成熟不成熟需要表现出来

4. 用适当的动词填空 Fill in the blanks with the right verbs：

同意　播出　给　催　待　强迫　说　理解　沟通　觉得

(1) 爸妈不让我晚回家，即使在同一个小区的同学家多_____一会儿也不行。

(2) 一放学回家，爸妈就_____我写作业，也不让我休息一会儿。

(3) 在今晚中央电视台_____的《心理访谈》中，父母和孩子将面对面_____出自己的心里话。

(4) 专家建议双方应互相_____和理解。

(5) 父母可以不_____孩子的观点，但要_____他们一个说出来的机会。

(6) 不要_____他们做事，要告诉他们，学会_____别人才是成熟的最重要的标志。

快读部分

生词 New Words

1.	少儿	shào'ér	（名）	children
2.	读物	dúwù	（名）	reading material
3.	元旦	Yuándàn	（专名）	New Year's Day
4.	礼品	lǐpǐn	（名）	gift, present
5.	采访	cǎifǎng	（动）	to interview
6.	内容	nèiróng	（名）	content
7.	出版社	chūbǎnshè	（名）	publishing house, press
8.	鲜艳	xiānyàn	（形）	bright-colored, gaily-colored

9.	色彩	sècǎi	(名)	color
10.	封面	fēngmiàn	(名)	front cover
11.	图画	túhuà	(名)	drawing, picture
12.	家长	jiāzhǎng	(名)	parent or guardian of a child
13.	图书	túshū	(名)	books

课 文 Text

漂亮的少儿读物

字数：315字　　阅读时间：4分钟　　答题时间：8分钟

　　元旦快到了，许多父母想买套漂亮的礼品书送给孩子。可是他们发现，现在的儿童读物经常是几十元、一百多元一本，几百元一套，感觉这些书真是太贵了。

　　记者在儿童书店采访了一个正在读书的小男孩。他告诉记者，他已经一个人在这里看了一天书了，中午就在附近买点儿东西吃，母亲下午5点会来接他。他指着手里的书说："这套书一共有8本，内容丰富，很好看。可是我妈妈说书太贵了，一本要60元，买一本还行，八本哪里买得起？所以我就常常来这里看书。"

　　书店工作人员告诉记者，因为是给孩子们看的书，许多出版社都用鲜艳的色彩、好看的封面和有趣的图画吸引孩子，这样的书价格肯定就不会便宜，很多家庭买不起。因此，不少家长希望图书出版单位能多出一些内容好、价格低的少儿图书。

练 习 Exercises

1. 根据课文内容选择正确答案 Choose the right answers according to the text：

(1) 书店里卖的少儿读物存在什么问题？
    A. 虽然很漂亮，但内容不丰富
    B. 虽然很漂亮，但价钱太贵
    C. 虽然很漂亮，但孩子不喜欢

(2) 那个小男孩为什么去书店？
    A. 书店里卖吃的东西
    B. 和妈妈约好在那里见面
    C. 去书店可以看自己喜欢的书

(3) 小男孩说到的那套书一共要多少钱？
    A. 800 元   B. 60 元   C. 480 元

(4) 为什么少儿图书价格不便宜？
    A. 少儿图书精致漂亮   B. 少儿图书内容好
    C. 少儿图书不常见

(5) 家长们对少儿图书有什么要求？
    A. 一定要精致好看   B. 只要价格低就行
    C. 内容丰富但价格低

2. 选择对下列词语或句子的正确理解
Choose the right explanations for the following words or sentences：

(1) 买套漂亮的礼品书
    A. 买一套好看的礼物
    B. 买一套书可得到漂亮的礼物
    C. 买一套可以当礼物送人的书

(2) 买一本还行，八本哪里买得起？
　　A. 一本都买不起，八本就更买不起了。
　　B. 一本买得起，八本根本买不起。
　　C. 一本买得到，八本根本买不到。

(3) 许多出版社都用鲜艳的色彩、好看的封面和有趣的图画吸引孩子。
　　A. 孩子会注意到鲜艳的颜色、好看的封面和有趣的图画。
　　B. 出版社用鲜艳的色彩、好看的封面和有趣的图画让孩子喜欢。
　　C. 色彩鲜艳、封面好看、图画有趣可能吸引不了孩子。

(4) 图书出版单位
　　A. 书店　　　　B. 出版社　　　　C. 父母的单位

3. 用适当的词语填空 Fill in the blanks with the proper words：

　　元旦快到了，许多父母想买套漂亮的礼品书送给孩子。可是他们_____，现在的儿童_____经常是几十元、一百多元一本，几百元一套，_____这些书真是太贵了。

　　书店工作人员告诉记者，因为是给孩子们看的书，许多出版社都_____鲜艳的色彩、好看的封面和有趣的图画_____孩子，这样的书价格_____就不会便宜，很多家庭买不起。因此，不少家长_____图书出版单位能多出一些内容好、价格低的少儿图书。

第五课　Lesson 5

细读部分

生　词　New Words

1.	失去	shīqù	（动）	to lose
2.	爱情	àiqíng	（名）	love(between man and woman)
3.	葬礼	zànglǐ	（名）	funeral
4.	笔	bǐ	（量）	a measure word used to indicate sums of money or business
5.	存折	cúnzhé	（名）	deposit book, bankbook
6.	亲戚	qīnqi	（名）	relative
7.	薪水	xīnshui	（名）	salary, pay, wage
8.	新生儿	xīnshēng'ér	（名）	newly-born baby
9.	长辈	zhǎngbèi	（名）	senior member of a family
10.	看望	kànwàng	（动）	to call on, to visit

注　释　Notes

1 问这问那　wèn zhè wèn nà　to ask about this and that
什么都想知道，什么都要问。
It means that somebody inquires about everything to get to know about it.

2 压岁钱　yāsuìqián

过春节时长辈给小孩的钱。

It means the money given to children as a lunar New Year gift.

课 文 Text

一个人过年

字数：343字　　　阅读时间：4分钟　　　答题时间：15分钟

一年又这么过去了。春天，我失去了爱情；夏天，我换了一份工作；秋天，我参加了一个葬礼，我好朋友的葬礼；冬天，我为自己买了一套房子，在交了第一笔钱后，我的存折空了。新年快到了，我决定一个人过年。于是打电话给妈妈，说工作很忙，不能回去了。因为离家不太远，我以前放假的时候经常回去，妈妈就没说什么。她哪里知道，我是因为害怕才不回去的。我怕别人问。我家的亲戚很多，过年的时候亲戚们团聚在一起，总是喜欢问这问那的，问你的薪水，问你找了女朋友没有，问你的工作是干什么的……我没什么可说的，所以怕别人问。我怕花钱，我没钱了。我们家亲戚多，孩子就多，过年要给他们压岁钱。我在大城市工作，总是给得最多，少了不行。一个小孩子要给二百块，新生儿要给五百块。我的长辈也要买了礼物去看望，除了我的父母，还有六位呢。

练 习 Exercises

1. 根据课文内容填空 Fill in the blanks according to the text：

(1) 这一年来"我"的生活怎么样？
_____
_____

(2) 为什么"我"决定一个人过年？
_____
_____

(3) "我"怎么给亲戚家的孩子压岁钱？
_____
_____

2. 根据课文内容选择正确答案 Choose the right answers according to the text：

(1) 这一年来"我"的心情怎么样？
  A. 总的来说非常快乐 B. 总的来说不太愉快
  C. 总的来说不好不坏

(2) "我"没钱了是因为什么？
  A. 买房子了 B. 失去了工作 C. 花钱太浪费

(3) "我"说自己不回家了，妈妈同意了吗？
  A. 没同意，一定要"我"回去 B. 很高兴地接受了
  C. 可能不满意，但没说出来

(4) "我"今年过年不回家是因为什么？
  A. 工作很忙，没有时间 B. 怕找不到对象
  C. 怕别人问，怕花钱

(5) "我"家里的人对"我"怎么样？
   A. 很关心"我"的情况　　　　　B. 有点儿看不起"我"
   C. 只喜欢热闹，不关心"我"

(6) 要怎么给孩子压岁钱？
   A. 给新生儿比给大一点儿的孩子多
   B. 给大一点儿的孩子比给新生儿的多
   C. 不管孩子大小，给的钱都一样

(7) 要怎么给长辈送礼物？
   A. 自己的父母可以不送　　　　　B. 自己的父母也要送
   C. 只给自己的父母买礼物就够了

3. **选择最接近下列画线词语或句子意思的解释**

   Choose the closest explanations for the following underlined words or sentences：

   (1) 春天，我失去了爱情。
      A. 和恋人分手了　　　　　B. 找不到对象
      C. 不想爱别人

   (2) 在交了第一笔钱后，我的存折空了。
      A. "我"现在放心了　　　　B. "我"的存折丢了
      C. "我"的存款花完了

   (3) 她哪里知道，我是因为害怕才不回去的。
      A. 她肯定知道　　　　　B. 她不可能知道
      C. 她不想知道

   (4) 我没什么可说的，所以怕别人问。
      A. "我"不想说自己的事情

B. "我"说的事情他们都不懂

C. "我"说的他们不关心

(5) 我在大城市工作，总是给得最多，<u>少了不行</u>。

A. 不能给得少　　　　　　B. 年轻的不给

C. 少给一点儿也可以

(6) 我的长辈也要买了礼物去看望，<u>除了我的父母，还有六位呢</u>。

A. 除了父母，"我"有六个兄弟

B. 除了父母，"我"的长辈还有六个

C. 有六个人要来家里看望"我"父母

4. 用适当的动词填空 Fill in the blanks with the proper verbs：

怕　交　看望　换　给　找　决定　参加　到　喜欢　买　说

(1) 夏天，我＿＿＿＿了一份工作；秋天，我＿＿＿＿了一个葬礼。

(2) 在＿＿＿＿了第一笔钱后，我的存折空了。

(3) 新年快＿＿＿＿了，我决定一个人过年。

(4) 他们总是＿＿＿＿问这问那的，问你的薪水，问你＿＿＿＿了女朋友没有，问你的工作是干什么的……

(5) 我没什么可＿＿＿＿的，所以＿＿＿＿别人问。

(6) 我们家亲戚多，孩子就多，过年要＿＿＿＿他们压岁钱。

(7) 我的长辈也要买了礼物去＿＿＿＿，除了我的父母，还有六位呢。

5. 讨论 Discuss：

课文第一句话是"一年又这么过去了"，请你说说这句话可能有的含义。

第五课 / Lesson 5

快读部分

生 词 New Words

1.	愿望	yuànwàng	(名)	desire, wish
2.	浪漫	làngmàn	(形)	romantic
3.	纪念	jìniàn	(动)	to commemorate, to be in memory of
4.	挑剔	tiāoti	(形)	choosy
5.	征求	zhēngqiú	(动)	to solicit, to ask for
6.	唠叨	láodao	(动)	to be garrulous, to chatter
7.	抽空	chōu kòng		manage to find time
8.	喜悦	xǐyuè	(名)	happiness, joy
9.	烦恼	fánnǎo	(名、形)	trouble, annoyance; agonizing
10.	感受	gǎnshòu	(动、名)	to experience; impression
11.	多虑	duōlǜ	(动)	to worry too much

课 文 Text

我的愿望

字数：224字　　阅读时间：3分钟　　答题时间：8分钟

　　我不是一个浪漫的人，但我希望在我的生日、结婚纪念日，还有其他一些特别的日子里，能得到你送的礼物，即使只是一束鲜花或一盒巧克力；我不是一个挑剔的人，但我仍希望你在决定一件事情时，即使那只是你自己的事情，你也会征求一下我的意见；我不是一个爱唠叨的人，但我仍希望你能抽空听一听我心中的喜悦、我的烦恼，即使那只是我对一些小事的感受；我不是一个多虑的人，但是当不快写在你的脸上时，我希望能听到你的解释，即使只有一句两句，当然我更希望你能对我说出全部的心里话。

练 习 Exercises

1. 根据课文内容选择正确答案 Choose the right answers according to the text：

(1) "我的愿望"最可能是谁对谁说的？
　　A. 丈夫对妻子　　　　B. 母亲对孩子　　　　C. 妻子对丈夫

(2) "我"什么时候想得到礼物？
　　A. 一些特别的日子　　　　B. 每个星期日
　　C. 过生日的前一天

(3) "我"想得到什么礼物？
　　A. 什么礼物都行　　B. 最好是鲜花　　C. 巧克力

(4) "我"是个什么样的人？
　　A. 既浪漫又爱唠叨的人
　　B. 希望对方能理解自己的人
　　C. 有时高兴有时生气的人

(5) "我"最希望对方在不高兴时做什么？
　　A. 对"我"解释几句　　　　B. 听"我"谈谈感受
　　C. 把心里的话都说出来

第五课
Lesson 5

2. 选择对下列词语或句子的正确理解

Choose the right explanations for the following words or sentences：

(1) 即使只是一束鲜花或一盒巧克力

　　A. 一束鲜花或一盒巧克力虽然不够好，但也可以

　　B. "我"最不想要的是鲜花或巧克力

　　C. 最让"我"满意的就是一束鲜花或一盒巧克力

(2) 我不是一个挑剔的人

　　A. "我"对你的要求非常高

　　B. "我"对你没有任何要求

　　C. "我"对你没有过分的要求

(3) 希望你能征求一下我的意见

　　A. 希望你能让"我"来做决定

　　B. 希望你能问一问"我"怎么看

　　C. 希望你能让"我"批评你

(4) 爱唠叨

　　A. 喜欢不停地说　　　　B. 喜欢说心里话

　　C. 喜欢回答问题

(5) 多虑的人

　　A. 喜欢考虑问题的人　　B. 心里总是不放心的人

　　C. 非常痛苦的人

3. 用适当的词语填空 Fill in the blanks with the proper words：

　　我不是一个_____的人，但我希望在我的生日、结婚纪念日，还有其他一些_____的日子里，能得到你送的礼物……我不是一个_____的人，但我仍希望你在决定一件事情时，能_____一下我的意见；

我不是一个爱_____的人，但我仍希望你能_____听一听我心中的喜悦、我的烦恼；我不是一个_____的人，但是当不快写在你的脸上时，我希望能听到你的_____，即使只有一句两句，当然我更_____你能对我说出全部的_____。

4. 讨论 Discuss：

从"我的愿望"可以看出作者的丈夫是个什么样的人？请具体谈一谈。

第六课　Lesson 6

细读部分

生　词　New Words

1.	增加	zēngjiā	（动）	to increase
2.	预测	yùcè	（动）	to predict
3.	承受	chéngshòu	（动）	to bear, to stand, to endure
4.	突破	tūpò	（动）	to surmount, to break
5.	堵	dǔ	（动）	to block up, to stop up
6.	选择	xuǎnzé	（动、名）	to choose; choice
7.	照样	zhàoyàng	（副）	as usual as before
8.	提前	tíqián	（动）	to be ahead of time
9.	难受	nánshòu	（形）	to feel unhappy
10.	方便	fāngbiàn	（形）	convenient
11.	舒适	shūshì	（形）	comfortable, cosy

注　释　Note

有车族　yǒuchézú
指有私人汽车的一类人。
It means people who have their own cars.

课 文 Text

北京的交通问题

字数：331 字　　阅读时间：4.5 分钟　　答题时间：15 分钟

北京的汽车从 100 万辆增加到 2003 年的 200 万辆，只用了 6 年半的时间。曾有专家预测，如果汽车数量达到 200 万辆，北京的交通就无法承受了。可现在，北京的汽车数量已经突破了 400 万辆，2010 年底要达到近 500 万辆。

在上下班高峰时间，城里主要街道没有不堵车的。很多开车的市民不得不选择早出晚归，不在交通高峰时间开车。可是，即使早上 6 点出门，也照样可能走上堵车的道路。现在北京市的早上交通高峰已经提前到 6 点半开始，直到 9 点半才结束；晚上高峰在 17 点到 20 点之间，比过去的晚高峰时间更长。许多买了车的市民都不想开了，堵在离家不远的地方，但就是到不了，真难受；没买车的人，知道会堵车，但还想着汽车带来的方便和舒适，想着有一天也能成为"有车族"。就这样越多越堵，越堵越多。

练 习 Exercises

1. 根据课文内容填空 Fill in the blanks according to the text：

(1) 2010 年北京汽车的数量是＿＿＿＿＿＿＿＿＿＿

(2) 2003 年北京汽车的数量是＿＿＿＿＿＿＿＿＿＿

(3) 现在北京的交通早高峰时间是从＿＿＿＿＿＿到＿＿＿＿＿＿

(4) 现在北京的交通晚高峰时间是从＿＿＿＿＿＿到＿＿＿＿＿＿

2. 根据课文内容选择正确答案 Choose the right answers according to the text：

(1) 曾有专家预测，北京的汽车数量达到 200 万辆
    A. 北京的道路还不会堵车　　B. 交通问题会非常严重
    C. 就不会有人想买车了

(2) 开车的市民如果早晨 6 点出门
    A. 就不可能遇到堵车的情况
    B. 还是有可能遇到堵车的情况
    C. 城里正是堵车的时候

(3) 现在北京的交通早高峰
    A. 比过去提前了　　B. 还和过去一样
    C. 推迟了半个小时

(4) 现在北京的交通晚高峰
    A. 比过去推迟了　　B. 还和过去一样
    C. 比过去时间更长

(5) 许多已经买了车的人
    A. 觉得很方便　　B. 因为堵车而非常难受
    C. 想换更好的车

(6) 还没买车的人
    A. 感到自己很幸运　　B. 也想买车
    C. 不知道堵车的情况

3. 选择最接近下列画线词语意思的解释
Choose the closest explanations for the following underlined words：

(1) 曾有专家<u>预测</u>
    A. 事先估计　　　B. 认真计算　　　C. 提出意见

(2) 如果汽车数量达到200万辆，北京的交通就无法承受了。
   A. 没有办法知道　　　　B. 完全可以接受
   C. 没有办法应付

(3) 可现在，北京的汽车数量已经突破了400万辆。
   A. 超过　　　　B. 达到　　　　C. 接近

(4) 很多开车的市民不得不选择早出晚归，不在交通高峰时间开车。
   A. 平时不常出门　　　　B. 很早出门很晚回家
   C. 很晚才去上班

(5) 即使早上6点出门，也照样可能走上堵车的道路。
   A. 肯定　　　　B. 还是　　　　C. 特别

(6) 没买车的人想着有一天也能成为"有车族"。
   A. 为自己买车　　　　B. 和有车的人合作
   C. 去汽车商店逛逛

4. 用适当的动词填空 Fill in the blanks with the proper verbs：

出　知道　增加　归　带　提前　开　预测　堵　承受　用

(1) 北京的汽车从100万辆_____到2003年的200万辆，只_____了6年半的时间。

(2) 曾有专家_____，如果汽车数量达到200万辆，北京的交通就无法_____了。

(3) 很多开车的市民不得不选择早_____晚_____，不在交通高峰时间开车。

(4) 现在北京市的早上交通高峰已经_____到6点半开始，直到9点半才结束。

(5) 许多买了车的市民都不想_____了，_____在离家不远的地方，但就是到不了，真难受。

(6) 没买车的人，_____会堵车，但还想着汽车_____来的方便和舒适，想着有一天也能成为"有车族"。

快读部分

生 词 New Words

1.	好奇	hàoqí	（形）	curious
2.	绕道	rào dào		to make a detour, to go by a roundabout route
3.	其实	qíshí	（副）	actually, in fact
4.	面临	miànlín	（动）	to be faced with
5.	宁愿	nìngyuàn	（连）	would rather
6.	吃苦	chī kǔ		to endure hardships
7.	有限	yǒuxiàn	（形）	limited, finite
8.	死胡同	sǐ hútòng		dead end, blind alley
9.	弯路	wānlù	（名）	roundabout way, detour
10.	前提	qiántí	（名）	prerequisite, presupposition

课 文 Text

走哪条路？

字数：349字　　阅读时间：4分钟　　答题时间：8分钟

坐在出租车上，司机问我："先生，是走最短的路，还是走最快的路？"我好奇地问他："最短的路不是最快的吗？""当然不是，现在是高峰，最短的路经常堵车，走的时间就长。您要是有急事，就得绕道走，多走点儿路，可能早到……"因为我有急事，当然只能选择最快的路。其实，即使我没有急事，也不愿在出租车里坐上很长时间。

走最短的路，还是走最快的路？一个人不只是在坐出租车时才会遇到这种情况，人的一生中经常会面临这样的选择。这种选择有时让人很难办，可只要是想成功的人都会选择走最快的路，宁愿让自己多吃苦、多走路。因为一个人的一生时间是有限的，机会是有限的，只能选择最快的路。

有许多人，就因为一生都在走最近的路，结果常常走进死胡同，把时间都浪费了。人生需要走些弯路，人生不要怕走弯路，但有一个前提：走弯路是为了走最快的路。

练 习 Exercises

1. 根据课文内容选择正确答案 Choose the right answers according to the text：

　　(1) 这篇课文的主要内容是什么？

　　　　A. 交通问题　　　　B. 人生道路　　　　C. 浪费时间

(2) 司机告诉了"我"什么情况？
    A. 最短的路不一定最快　　B. 有急事就走最短的路
    C. 高峰时最好别出门

(3) "我"认为想成功的人会怎么选择？
    A. 不愿多走路，只走最短的路
    B. 只走最快的路，不怕走弯路
    C. 怕走弯路，只走直路

(4) "人生不要怕走弯路"是什么意思？
    A. 人的一生很长，要走很多路
    B. 每个人都会失败很多次
    C. 为了走最快的路可能要吃点儿苦

2. 选择对下列词语或句子的正确理解

Choose the right explanations for the following words or sentences：

(1) 我好奇地问他……
    A. 我问他，因为很生气。
    B. 我问他，因为感兴趣。
    C. 我问他，因为很高兴。

(2) 您要是有急事，就得绕道走。
    A. 您要是着急的话，就从别的路走。
    B. 您要是着急的话，就得往回走。
    C. 您要是着急的话，就走着去吧。

(3) 面临这样的选择
    A. 面前遇到这样的选择
    B. 等到将来再这么选择
    C. 前面已经这么选择过了

(4) 常常走进死胡同
　　A. 经常失败　　　　　　　　B. 经常待在家里
　　C. 经常没人帮助

(5) 把时间都浪费了
　　A. 生活非常浪费　　　　　　B. 没有利用好时间
　　C. 一生的时间太短了

(6) 人生不要怕走弯路，但有一个前提。
　　A. 走弯路没有关系，可必须满足一个条件。
　　B. 请注意这一点：生活没有什么可害怕的。
　　C. 不管出现什么情况，人都会走一些弯路。

3. 用适当的词语填空 Fill in the blanks with the proper words：

　　走最短的路，还是走最快的路？一个人不_____在坐出租车时才会遇到这种情况，人的一生中经常会_____这样的选择。这种选择有时让人很_____，可只要是想_____的人都会选择走最快的路，_____让自己多吃苦、多走路。因为一个人的一生时间是_____的，机会是_____的，只能选择最快的路。

4. 讨论 Discuss：

　　"现在是高峰，最短的路经常堵车，走的时间就长。您要是有急事，就得绕道走，多走点儿路，可能早到……"
　　如果出租车司机对你这么说，你会怎么选择？请说明原因。

第七课　Lesson 7

细读部分

生　词　New Words

1.	县	xiàn	（名）	county
2.	位于	wèiyú	（动）	to be located, to be situated
3.	哲学家	zhéxuéjiā	（名）	philosopher
4.	故乡	gùxiāng	（名）	native place, hometown
5.	例外	lìwài	（动）	to be an exception
6.	隔	gé	（动）	to separate
7.	风景	fēngjǐng	（名）	scenery, view
8.	保存	bǎocún	（动）	to preserve, to keep
9.	当今	dāngjīn	（名）	now, at present
10.	建筑	jiànzhù	（名、动）	building; to build, to construct
11.	完整	wánzhěng	（形）	complete, intact
12.	重视	zhòngshì	（动）	to attach importance to, to think much of
13.	体现	tǐxiàn	（动）	to embody, to reflect
14.	雾气	wùqì	（名）	fog
15.	渗透	shèntòu	（动）	to permeate
16.	角落	jiǎoluò	（名）	corner

注 释 Notes

1 **宋代** Sòngdài
 The Song Dynasty（960~1279）

2 **明清** Míng-Qīng
 The Ming（1368~1644）and Qing（1616~1911）dynasties

课 文 Text

婺 源

字数：301 字　　阅读时间：4 分钟　　答题时间：15 分钟

　　婺源（Wùyuán）县，位于江西东北部的大山之中，是宋代著名哲学家、教育家朱熹（Zhū Xī）的故乡。喜欢旅游的人常说，交通不方便的地方才有好风景。婺源也不例外。去那儿真是不容易，无论是从上饶（Shàngráo）出发，还是从景德镇（Jǐngdézhèn）出发，或者是从安徽（Ānhuī）的黄山出发，到婺源，都必须经过许多座大山。大山把婺源与外面的世界隔开了，所以这块地方的古老的文化和美丽的风景才保存到了今天。婺源是当今中国明清古建筑保存得最多、最完整的县之一。此外，婺源这个地方自古就重视读书，人们都叫它"书乡"。在这里，文化不是只体现在古建筑上，而是像这里早上的雾气一样，渗透到了县城的每一个角落。

练 习 Exercises

1. 根据课文内容填空 Fill in the blanks according to the text：

(1) 婺源的交通情况怎么样？
_____
_____

(2) 婺源出过的名人有_____

(3) 婺源的地方特色是_____和_____

2. 根据课文内容选择正确答案 Choose the right answers according to the text：

(1) 婺源县在哪个省？
　　A. 安徽省　　　　B. 浙江省　　　　C. 江西省

(2) 不管从什么方向去婺源
　　A. 路都很难走　　　　　　B. 交通都很方便
　　C. 都能见到古建筑

(3) 婺源能保存古老的建筑和文化是因为什么？
　　A. 当地人喜欢读书　　　　B. 当地人注意保护
　　C. 和外面的世界交往很少

(4) 去婺源旅游最值得看的是什么？
　　A. 朱熹的故乡　　B. 明清古建筑　　C. 美丽的大山

(5) 婺源被称为"书乡"是因为什么？
　　A. 这里出版了许多书
　　B. 这里有教育家
　　C. 这里的人很重视读书

3. 选择最接近下列画线词语或句子意思的解释

Choose the closest explanations for the following underlined words or sentences：

(1) 喜欢旅游的人常说，交通不方便的地方才有好风景。婺源<u>也不例外</u>。
    A. 却很特别　　　B. 也是这样　　　C. 没有外人

(2) 婺源是<u>当今</u>中国明清古建筑保存得最多、最完整的县之一。
    A. 当时　　　　　B. 今后　　　　　C. 现在

(3) 婺源这个地方<u>自古就重视读书</u>……
    A. 一直重视读古代的书　　　B. 古时候很重视读书
    C. 从古代开始就重视读书

(4) （文化）像这里早上的雾气一样，<u>渗透到了县城的每一个角落</u>。
    A. 到处都充满了文化　　　B. 角落里才有文化
    C. 每个角度都有文化

4. 用适当的动词填空 Fill in the blanks with the proper verbs：

重视　出发　保存　位于　渗透　体现　经过　例外　隔

(1) 婺源县，_____江西东北部的大山之中。

(2) 交通不方便的地方才有好风景。婺源也不_____。

(3) 从安徽的黄山_____到婺源，必须_____许多座大山。

(4) 大山把婺源与外面的世界_____开了。

(5) 这块地方的古老的文化和美丽的风景才_____到了今天。

(6) 婺源这个地方自古就_____读书，人们都叫它"书乡"。

(7) 在婺源，文化不是只_____在古建筑上，而是像这里早上的雾气一样，_____到了县城的每一个角落。

第七课 Lesson 7

快读部分

生 词 New Words

1.	倒	dǎo	（动）	to change
2.	外界	wàijiè	（名）	the outside world
3.	节奏	jiézòu	（名）	tempo
4.	热爱	rè'ài	（动）	to love ardently, to have deep love for
5.	高楼大厦	gāo lóu dà shà		high buildings and large mansions
6.	天堂	tiāntáng	（名）	paradise
7.	偶尔	ǒu'ěr	（副）	once in a while, occasionally
8.	一辈子	yíbèizi	（名）	all one's life, a lifetime
9.	吓人	xiàrén	（形）	frightening, scary
10.	姥姥	lǎolao	（名）	(maternal) grandmother
11.	泥土	nítǔ	（名）	soil
12.	冲	chòng	（介）	facing, towards

课 文 Text

我为什么爱城市？

字数：371字　　阅读时间：4分钟　　答题时间：8分钟

主持人：请问各位为什么爱城市？
张先生：城市方便啊。要是有事儿要去别的城市，买张飞机票，不一会儿就到了。要是想找个安静的地方放松一下，倒几次车也就到了。你要是住在农村里，想和外界联系就要通过城市。而且，城市的节奏快，适合我们年轻人。

李小姐：我当然热爱城市，我从小就在城市里长大，习惯了。高楼大厦有什么不好？全世界的人都在往大城市里挤，这就是大城市的吸引力。我前几天看报纸说有些山里的人对城里人把他们那儿当天堂特别反感。他们说，你们城里人要是喜欢这儿，就来跟我们换呀，我们也想出门就有车，多方便啊。你们只是偶尔来玩儿一下，我们可是一辈子都要待在这儿。

赵小姐：我喜欢城市，因为农村的狗很吓人。很小的时候去姥姥家，走了几十里的泥土路，刚进村子，突然一只很高很大的狗从一个大门里跑出来，冲我叫，声音很大，样子很吓人。那会儿我就吓怕了，再也不敢去农村了。

练 习 Exercises

1. 根据课文内容回答问题 Answer the questions according to the text：

(1) 张先生为什么爱城市？
_____
_____

(2) 李小姐为什么爱城市？
_____
_____

(3) 赵小姐喜欢城市又是什么原因？

_____

_____

2. 根据课文内容选择正确答案 Choose the right answers according to the text：

(1) 说城市方便，表现在什么地方？
    A. 有许多高楼大厦
    B. 城市的生活像天堂
    C. 想去哪儿都很容易

(2) 为什么说城市适合年轻人？
    A. 城市生活节奏比较快
    B. 城市里非常安静
    C. 城市人口很集中

(3) 从下列哪项可以看出城市有吸引力？
    A. 各地的人都往城市里跑
    B. 许多人在城市里长大
    C. 偶尔可以到外地玩儿一下

(4) 有些山里人对什么表示反感？
    A. 城里人把城市说成天堂
    B. 城里人说山里人生活的地方是天堂
    C. 太多的城里人去山里旅游

(5) 赵小姐去了一趟农村之后产生了什么想法？
    A. 农村真是天堂
    B. 农村实在安静
    C. 不敢再去农村

3. 选择对下列词语或句子的正确理解
Choose the right explanations for the following words or sentences：

(1) 倒几次车也就到了
　　A. 换几次车就到了　　　　　　　　B. 换几次车还不到
　　C. 换几次车才能到

(2) 高楼大厦有什么不好？
　　A. 高楼大厦不太好。　　　　　　　B. 高楼大厦很不错。
　　C. 有没有高楼大厦都没关系。

(3) 全世界的人都在往大城市里挤。
　　A. 大家都想到大城市里生活。　　　B. 大城市交通问题很严重。
　　C. 大城市是旅游的好地方。

(4) 一辈子都要待在这儿
　　A. 要在这儿住二十年　　　　　　　B. 从生到死都不离开这儿
　　C. 出生在这个地方

(5) 农村的狗很吓人。
　　A. 农村的狗很害怕人。　　　　　　B. 农村的狗很让人害怕。
　　C. 农村的狗怕见到人。

4. 用适当的词语填空 Fill in the blanks with the proper words：

　　高楼大厦有_____不好？全世界的人都在往大城市里_____，这就是大城市的吸引力。我前几天看报纸说有些山里的人对城里人把他们那儿_____天堂特别_____。他们说，你们城里人要是_____这儿，就来跟我们换呀，我们也想出门_____有车，多方便啊。你们_____偶尔来玩儿一下，我们可是一辈子都要待在这儿。

第八课　Lesson 8

细读部分

生词 New Words

1. 误　　wù　　　　　　　　　　wrongly
2. 生理　shēnglǐ　（名）　　　physiology
3. 过程　guòchéng　（名）　　course, process
4. 设备　shèbèi　（名）　　　equipment, installation
5. 光顾　guānggù　（动）　　（of customers）to patronize
6. 产品　chǎnpǐn　（名）　　product
7. 医疗　yīliáo　（名）　　　medical treatment
8. 机构　jīgòu　（名）　　　organization, institution
9. 观念　guānniàn　（名）　　sense, idea, concept
10. 不仅　bùjǐn　（连）　　　not only
11. 面向　miànxiàng　（动）　to be geared to the needs of the people
12. 提供　tígōng　（动）　　　to provide, to offer
13. 责任　zérèn　（名）　　　responsibility
14. 血管　xuèguǎn　（名）　　blood vessel
15. 饮食　yǐnshí　（名）　　　food and drink, diet
16. 合理　hélǐ　（形）　　　rational, reasonable

注　释　Note

衣食住行　yī shí zhù xíng　Food, clothing, shelter and transportation
穿衣、吃饭、住宿、走路。指生活上的基本需要。
Food, clothing, shelter and transportation—basic needs of life.

课　文　Text

怎样才能健康？

字数：310字　　阅读时间：4分钟　　答题时间：15分钟

怎样才能健康？有人误以为没有病就是健康。其实健康包括生理、心理和社会三个方面。因此健康是一个过程，人们应该不断提高生命质量，平时的衣食住行都应该注意健康。有人误认为医院越大，设备越高级，药物越贵，医生越有名就越好。结果是大医院挤满了人，中小医院却无人光顾。其实同其他产品一样，适合你的才是最好的。还有许多人误以为有了病才需要花钱，平时却不肯把钱花在身体健康上，其实提前为健康花钱才是聪明的选择。医疗机构也要改变观念，不仅要为病人服务，也要面向所有人，提供更多的健康产品。病人常把健康的责任全部交给医生，自己却不注意改变不健康的生活方式和行为。比如说，如果心脑血管病人不活动、饮食不合理、抽烟，再好的医生和药物也没有办法。

第八课
Lesson 8

练 习 Exercises

1. 根据课文内容回答问题 Answer the following questions according to the text：

(1) 课文里提到了人们对健康的几种错误看法？是哪几种错误看法？

_____

_____

(2) 你认为课文中哪个句子对于表达整篇课文的意思是最重要的？

_____

_____

2. 根据课文内容选择正确答案 Choose the right answers according to the text：

(1) 健康是指什么？
    A. 身体没有得病　　　　B. 心理健康
    C. 生命质量较高

(2) 人们不去中小医院看病可能是因为什么？
    A. 这些医院不太有名　　B. 这些医院药费较高
    C. 这些医院离得太远

(3) 选择医院时要注意什么？
    A. 那里的病人是不是很多
    B. 那里的医疗是不是适合你
    C. 那里的医生是不是专家

(4) 医疗机构的服务对象应该是什么人？
    A. 所有病人　　　B. 住院病人　　　C. 所有的人

(5) 病人应该怎么做？
    A. 改变自己的生活习惯
    B. 改掉不健康的生活习惯
    C. 把健康全部交给医生

3. 选择最接近下列画线词语或句子意思的解释

Choose the closest explanations for the following underlined words or sentences：

(1) 有人<u>误以为</u>没有病就是健康。其实健康包括生理、心理和社会三个方面。

    A. 不认为   B. 不理解   C. 错误地认为

(2) 结果是大医院挤满了人，中小医院却<u>无人光顾</u>。

    A. 缺少医生   B. 没有人看病   C. 没人听说过

(3) （医疗机构）也要<u>面向所有人</u>，提供更多的健康产品。

    A. 站在所有人的前面   B. 为所有的人服务

    C. 看着所有的人

(4) <u>病人常把健康的责任全部交给医生</u>……

    A. 医生应该对病人负责

    B. 病人生病了，医生却很健康

    C. 病人觉得自己没有责任

(5) 如果心脑血管病人不活动、饮食不合理、抽烟，<u>再好的医生和药物也没有办法</u>。

    A. 医生没有办法、药物不起作用

    B. 医生和药物还不够好

    C. 病人没有办法，只好靠医生和药物

4. 用适当的动词填空 Fill in the blanks with the proper verbs：

提前   面向   光顾   提高   改变   以为   挤   服务   注意   提供

(1) 有人误_____没有病就是健康。

(2) 人们应该不断_____生命质量。

(3) 平时的衣食住行都应该_____健康。

(4) 结果是大医院_____满了人，中小医院却无人光顾。

(5) _____为健康花钱才是聪明的选择。

(6) 医疗机构也要_____观念，不仅要为病人_____，也要_____所有人，提供更多的健康产品。

快读部分

生 词 New Words

1.	保持	bǎochí	（动）	to keep, to maintain
2.	平衡	pínghéng	（形、动）	balanced; to bring into a state of equilibrium
3.	项	xiàng	（量）	*a measure word for itemized things*
4.	明确	míngquè	（形）	clear and definite
5.	营养	yíngyǎng	（名）	nutrition
6.	重复	chóngfù	（动）	to repeat, to reiterate
7.	次数	cìshù	（名）	number of times, frequency
8.	绝	jué	（副）	absolutely, utterly
9.	排	pái	（动）	to excrete, to drain
10.	要紧	yàojǐn	（形）	vital, important
11.	多余	duōyú	（形）	unnecessary, surplus
12.	饮料	yǐnliào	（名）	beverage, drink (esp. a soft drink)
13.	热量	rèliàng	（名）	quantity of heat
14.	显然	xiǎnrán	（形）	obvious, apparent

课文 Text

每天要喝八杯水吗？

字数：304字　　阅读时间：3分钟　　答题时间：8分钟

如果问别人"每天要喝多少水"，很多人会回答"八杯"。这是因为许多人都听说，每天喝八杯水是保持身体水平衡的最好选择。可是，现在还没有一项科学研究明确地提出过这种说法。问到这个问题，不管是营养学家还是医疗机构，都说不出这种说法从何而来。看来，每天要喝八杯水的说法人人都知道，都这么相信，完全是因为被人们重复的次数太多了。当然，如果你身体健康，那么喝水对你来说绝不是一件坏事。水有助于消化，有助于排出身体里的垃圾。即使喝多了也不要紧，你会排掉多余的部分。营养学家认为，用水代替其他饮料来补充身体所需要的热量，是有助于身体健康的。但是一定要喝八杯水吗？少于八杯或多于八杯真的会对身体有什么影响吗？显然事实并不是这样。

练习 Exercises

1. 根据课文内容回答问题 Answer the questions according to the text：

(1) "每天要喝八杯水"的说法从何而来？作者是否同意这一说法？

(2) 作者对喝水是什么看法？

第八课
Lesson 8

2. 根据课文内容选择正确答案 Choose the right answers according to the text：

(1) 许多人认为每天喝八杯水可以

　　A. 使身体保持合适的水量

　　B. 完全满足身体对水的需要

　　C. 使人一直不得病

(2) 相信"每天要喝八杯水"这个说法的是

　　A. 营养学家　　　　B. 医疗机构　　　　C. 普通市民

(3) 人们相信"每天要喝八杯水"这个说法是因为

　　A. 被重复的次数太多了　　　　B. 被科学研究证明了

　　C. 自己身体有这种感觉

(4) 作者认为对喝水的正确态度应该是

　　A. 喝得越多越好，超过八杯更好

　　B. 可以多喝，但不需要喝得太多

　　C. 不管在哪儿身边都要有一瓶水

3. 选择对下列词语或句子的正确理解

Choose the right explanations for the following words or sentences：

(1) 每天喝八杯水是保持身体水平衡的最好选择。

　　A. 每天喝八杯水是使身体不缺少水的最好办法。

　　B. 每天喝八杯水可使身体保持健康。

　　C. 要想不长胖每天喝八杯水最好。

(2) 营养学家和医疗机构都说不出这种说法从何而来。

　　A. 营养学家和医疗机构都不知道有这种说法。

　　B. 营养学家和医疗机构都说不出这种说法有什么理由。

　　C. 营养学家和医疗机构都说不出这种说法的意思。

(3) 喝水对你来说绝不是一件坏事。
　　A. 喝水对你肯定有坏处。　　B. 喝水对你肯定没坏处。
　　C. 喝水说不上是好是坏。

(4) 水有助于消化
　　A. 水可以帮助消化　　B. 水与消化没有关系
　　C. 消化完全依靠水

(5) 喝多了也不要紧
　　A. 喝多了有危险　　B. 喝得多一些很重要
　　C. 喝多了也没关系

(6) 排掉多余的部分
　　A. 需要安排喝更多的水　　B. 把超过需要的水排出去
　　C. 许多水都被排掉了

4. 用适当的词语填空 Fill in the blanks with the proper words：

问到这个问题，_____是营养学家还是医疗机构，_____说不出这种说法从何而来。看来，每天要喝八杯水的说法人人都知道，都这么_____，完全是因为被人们重复的_____太多了。当然，_____你身体健康，_____喝水对你来说绝不是一件_____。

第九课　Lesson 9

细读部分

生　词　New Words

1. 自助游　zìzhùyóu　（名）　budget tour
2. 旅行社　lǚxíngshè　（名）　travel agency
3. 游览　yóulǎn　（动）　to go sightseeing
4. 名胜　míngshèng　（名）　a place famous for its scenery or historical relics
5. 登　dēng　（动）　to climb
6. 自理　zìlǐ　（动）　to take care of or provide for oneself
7. 报价　bàojià　（名）　quoted price
8. 宾馆　bīnguǎn　（名）　hotel
9. 匆忙　cōngmáng　（形）　hasty
10. 再说　zàishuō　（连）　besides, what's more
11. 旺季　wàngjì　（名）　peak period, busy season

注　释　Notes

① 大巴　dàbā

"巴"就是"巴士"，公共汽车。"大巴"在这里指运送旅客用的大型汽车。

巴 means "bus". 大巴 refers to a big bus carrying tourists.

2　三星级宾馆　sān xīngjí bīnguǎn　Three-Star hotel

3　何乐而不为？　hé lè ér bù wéi?　Why not do it?
用反问的语气表示可以做或很愿意做。
It indicates that one can do or is willing to do something by asking in reply.

课　文　Text

泰山、济南、曲阜自助游

字数：330 字　　阅读时间：4.5 分钟　　答题时间：15 分钟

根据旅行社提供的计划，下个星期五早上坐旅游大巴从北京出发去济南，午饭后游览济南趵突泉（Bàotū Quán）、大明湖等名胜。第二天早饭后去泰山，登泰山（午饭自理），然后去宾馆吃晚饭、休息。第三天早上去曲阜（Qūfù），游览孔府、孔庙、孔林，午饭后坐车回北京。这样的三日游，旅行社的报价是每人900元。两个晚上住的都是三星级宾馆的二人间。虽然价格可以接受，但我们觉得这样旅游太匆忙了。比如像泰山这样的历史文化名山，有许多东西可看，应该花更多的时间游览。再说，现在不是旅游的旺季，来回的火车票并不难买，我们也不必住三星级宾馆，一般的宾馆就行了。因此，我们打算自己去，来一次泰山、济南、曲阜自助五日游。相信这样会玩儿得更痛快，花的钱可能也就900元左右，何乐而不为呢？

第九课
Lesson 9

练 习 Exercises

1. 根据课文内容回答问题 Answer the questions according to the text：

(1) 旅行社提供的旅行计划是什么样的？价格是多少？

_____

_____

(2) "我们"打算作哪些改变？

_____

_____

2. 根据课文内容选择正确答案 Choose the right answers according to the text：

(1) 旅行社计划怎么从北京去济南？
　　A. 乘火车　　　　B. 乘飞机　　　　C. 乘汽车

(2) 旅行社计划在泰山玩儿几天？
　　A. 一天　　　　　B. 三天　　　　　C. 一个上午

(3) 旅行社计划游曲阜之后什么时候回北京？
　　A. 第二天早上　　B. 当天晚上　　　C. 当天下午

(4) 旅行社计划里的住宿条件是什么样的？
　　A. 三星级宾馆，一人一个房间
　　B. 三星级宾馆，两人一个房间
　　C. 一般的宾馆，三人一个房间

(5) 三日游需要在宾馆住几个晚上？
　　A. 两个晚上　　　　　B. 三个晚上
　　C. 计划里没有说明

(6) "我们"觉得旅行社的计划怎么样？
    A. 价格太贵了　　　　　　B. 玩儿的地方没意思
    C. 玩儿的时间太紧张

(7) 这个时候的火车票好买吗？
    A. 很难买到　　　　　　　B. 比较容易买到
    C. 需要旅行社帮助买

(8) "我们"是怎么打算的？
    A. 跟旅行团去旅游　　　　B. 自己去玩儿五天
    C. 去旅游来回都乘火车

3. 选择最接近下列画线词语或句子意思的解释
   Choose the closest explanations for the following underlined words or sentences：

(1) ……午饭后游览济南趵突泉、大明湖等<u>名胜</u>。
    A. 有名的旅游景点　　　　B. 古代有名的建筑
    C. 非常热闹的地方

(2) 第二天早饭后去泰山，登泰山（<u>午饭自理</u>）……
    A. 没时间吃午饭　　　　　B. 自己准备午饭
    C. 午饭不用准备

(3) 这样的三日游，旅行社的<u>报价</u>是每人900元。
    A. 提出的计划　　　B. 提出的价格　　　C. 一般的价格

(4) 虽然价格<u>可以接受</u>，但我们觉得这样旅游太匆忙了。
    A. 不算贵　　　　　B. 太便宜　　　　　C. 已经说好了

(5) 比如像泰山这样的历史文化名山，有许多东西可看，应该花更多的时间游览。

　　A. 需要先看看书了解泰山的历史

　　B. 泰山的名胜很丰富

　　C. 历史文化名山游客总是很多

(6) 现在不是旅游的旺季，来回的火车票并不难买。

　　A. 旅游业发展很快

　　B. 著名的旅游景点

　　C. 游客很多的时候

(7) 我们打算自己去，来一次泰山、济南、曲阜自助五日游。

　　A. 每个人自己去玩儿五天

　　B. 不靠旅行社自己玩儿五天

　　C. 五天里可能去泰山，也可能去曲阜

4. 用适当的词语填空 Fill in the blanks with the proper words：

第二天早饭后去泰山，登泰山（午饭自理），_____去宾馆吃晚饭、休息……虽然价格可以接受，_____我们觉得这样旅游太匆忙了。_____像泰山这样的历史文化名山，有许多东西可看，应该花更多的时间游览。_____，现在不是旅游的旺季，来回的火车票并不难买，我们也不必住三星级宾馆，一般的宾馆就行了。_____，我们打算自己去，来一次泰山、济南、曲阜自助五日游。相信这样会玩儿得更痛快，花的钱可能也就900元_____，何乐而不为呢？

快读部分

生 词 New Words

1.	合算	hésuàn	（形）	worthwhile
2.	节省	jiéshěng	（动）	to be thrifty, to be frugal
3.	乐趣	lèqù	（名）	delight, joy
4.	住宿	zhùsù	（动）	to stay, to accommodate
5.	首先	shǒuxiān	（副、连）	first of all
6.	费用	fèiyong	（名）	cost, expenses
7.	卧铺	wòpù	（名）	sleeping berth
8.	其次	qícì	（连）	next, secondly
9.	专车	zhuānchē	（名）	vehicle for a special purpose
10.	线路	xiànlù	（名）	route
11.	还价	huán jià		counter-offer, bargain
12.	登记	dēngjì	（动）	to register, to check in
13.	余地	yúdì	（名）	leeway, room

注 释 Note

■ 双飞 shuāng fēi
来和回去都乘飞机。
It means to go to a place and come back by plane.

第九课 Lesson 9

课 文 Text

自助游怎么花钱合算？

字数：380字　　阅读时间：4分钟　　答题时间：8分钟

当你与家人或朋友一起准备旅游时，是否想过怎么合理用钱？怎样用最节省的方式得到更多的旅游乐趣？自助旅游中交通和住宿需要花的钱最多，所以首先要考虑的就是怎么节省这两项费用。

首先，坐火车与坐飞机哪个更合算？时间比较多的旅游者，可以选择坐火车旅游，这要比坐飞机合算。比如从重庆到北京，来回火车普通卧铺票是860元左右，而"双飞"需要2800元左右。

其次是旅游景点交通工具的选择。去旅游景点的交通工具很多，有一日游、二日游的旅游专车，还有公共汽车和出租车等。但为了节省费用，不如自己买一张那里的地图，按照地图上的坐车线路，坐公共汽车或旅游专车去游玩，既便宜又方便。

第三是住宿问题。如果是自助游，住宾馆前先还价，再登记。现在城市的宾馆越来越多，出去旅游找个住的地方不成问题，而且选择的余地很大，因此大多数宾馆都可以还价。从一些城市住宿的价格看，一般可以还价20%~30%。

练 习 Exercises

1. 根据课文内容回答问题 Answer the questions according to the text：

(1) 文章认为自助游应该考虑节省什么费用？

(2) 坐旅游专车去游玩有什么好处？

(3) 从重庆到北京，坐火车去旅游可以比坐飞机节约多少？

2. 根据课文内容选择正确答案 Choose the right answers according to the text：

(1) 本文主要表达的意思是什么？
    A. 怎样选择旅游路线
    B. 怎样和旅行社打交道
    C. 怎样节约旅游费用

(2) 课文中提到的坐火车的费用是怎么计算的？
    A. 是按卧铺票票价计算的
    B. 是按普通坐票票价计算的
    C. 是按旅游专车票价计算的

(3) 买一张当地地图，按照上面的坐车线路坐车可以怎么样？
    A. 快一点儿到达景点　　B. 不会坐错车
    C. 节省交通费用

(4) 课文中说，许多宾馆可以做什么？
    A. 代买车票　　　　　　B. 住宿可以还价
    C. 代卖地图

3. 选择下列词语或句子的正确理解

Choose the right explanations for the following wods or sentences：

(1) 合理用钱

  A. 相当浪费　　　　B. 花钱有计划　　　C. 把钱存入银行

(2) 用最节省的方式得到更多的旅游乐趣。

  A. 花钱少就不可能快乐。

  B. 花钱少让人很快乐。

  C. 既玩儿得快乐又很节省。

(3) （坐火车与坐飞机）哪个更合算？

  A. 哪一种方式花钱更少？

  B. 哪一种方式让人更舒服？

  C. 哪一种方式更节省时间？

(4) 出去旅游找个住的地方不成问题。

  A. 旅游时很容易找到住的地方。

  B. 出去旅游住宿问题很难解决。

  C. 出去旅游要先考虑住宿问题。

(5) 选择的余地很大

  A. 选择旅游的景点

  B. 可以有多种选择

  C. 宾馆有各种服务

(6) （宾馆的住宿价格）一般可以还价 20%~30%。

  A. 有 20%~30% 的旅游者还价。

  B. 可以比原来的价格少 20%~30%。

  C. 是原来价格的 20%~30%。

4. 用适当的词语填空 Fill in the blanks with the proper words：

_____，坐火车与坐飞机哪个更合算？时间比较多的旅游者，可以选择坐火车旅游，这要比坐飞机合算。

_____是旅游景点交通工具的选择。去旅游景点的交通工具很多，有一日游、二日游的旅游专车，_____公共汽车和出租车等。

_____是住宿问题。如果是自助游，住宾馆前_____还价，_____登记。现在城市的宾馆越来越多，出去旅游找个住的地方不成问题，_____选择的余地很大，_____大多数宾馆都可以还价。

第十课　Lesson 10

细读部分

生　词　New Words

1.	喂	wèi	（动）	to feed
2.	一眨眼	yì zhǎ yǎn		very short time, in the twinkle of an eye
3.	滋味	zīwèi	（名）	taste
4.	超标	chāo biāo		to surpass the set standard
5.	限制	xiànzhì	（动）	to restrict, to limit
6.	宴会	yànhuì	（名）	feast
7.	往往	wǎngwǎng	（副）	often, frequently
8.	肚子	dùzi	（名）	belly
9.	勺子	sháozi	（名）	spoon
10.	榜样	bǎngyàng	（名）	example, model
11.	掰	bāi	（动）	to break off with the fingers and thumb
12.	暗暗	àn'àn	（副）	secretly, inwardly
13.	叫苦	jiào kǔ		to complain
14.	效果	xiàoguǒ	（名）	effect, result
15.	（一）概	(yí) gài	（副）	absolutely, without exception

注 释 Notes

1 属老虎 shǔ lǎohǔ   be born in the Year of Tiger

属，中国传统上用十二属相记生年，老虎是十二属相之一。
According to Chinese tradition, 12 symbolic animals are used to denote the year of one's birth, tiger is one of the animals.

2 这还得了！ Zhè hái déliǎo!   Oh, my god!

感叹语，表示事情很严重，也说"这还了得"。
It is used as an interjection to express something serious. We may also say "这还了得".

课 文 Text

借 儿 子

字数：377字　　阅读时间：5分钟　　答题时间：15分钟

不知是不是因为属老虎，儿子一生下来，就特别能吃。医院里一瓶可以喂六七个新生儿的牛奶，一眨眼就能被他喝完。真是属老虎的，随着儿子一天天长大，他对吃肉也越来越感兴趣。不管是什么饭，只要有肉，他顿顿都吃得有滋有味。看着儿子体重开始超标，我开始担心了。于是我开始限制他的饭量，特别不愿意带他参加宴会——这种时候他往往最受别人喜欢，而我在别人面前又不能限制他，于是他就会放开肚子吃。一天，朋友来找我，说要"借儿子用用"。原来，她是想让儿子到她家，为她那半天吃不下一勺子饭的宝贝女儿做个榜样。晚上儿子回来，掰着胖胖的手指头，告诉我他吃了多少块肉、多少个鸡腿……我正暗暗叫苦，另一位朋友又打来电话，说听了前边那位朋友的介绍，借了我儿子回家后很有效果，因此嘛……这还得了！儿子给这么借来借去的，不出几天，还不吃成个什么样子了！不管是什么朋友，从现在起，我的儿子概不外借！

练 习 Exercises

1. 根据课文内容回答问题 Answer the questions according to the text：

(1) 为什么课文要提到儿子属老虎？

(2) "我"为什么为儿子担心？

(3) "我"是怎么做的？

(4) 什么时候"我"限制不了儿子？

(5) "借儿子"是怎么一回事？

2. 根据课文内容选择正确答案 Choose the right answers according to the text：

(1) 儿子一生下来就怎么样？
    A. 身体就非常胖　　B. 吃东西就特别多
    C. 就知道自己属老虎

（2）儿子最感兴趣的食物是什么？
　　A. 肉　　　　　　B. 牛奶　　　　　　C. 蔬菜

（3）后来儿子的体重怎么样？
　　A. 超过了父母　　　　　　B. 超过了标准体重
　　C. 和别的孩子差不多

（4）"我"不愿意做的事情是什么？
　　A. 带儿子去参加宴会　　　　　　B. 限制儿子的饭量
　　C. 给儿子做有肉的菜

（5）朋友借儿子是为了什么？
　　A. 想让他长得更健康　　　　　　B. 想给自己的女儿找个榜样
　　C. 家里吃的东西太多了

（6）朋友"借儿子"的效果怎么样？
　　A. 看不出来　　　　B. 效果不错　　　　C. 没有效果

（7）"我"最后做了一个什么决定？
　　A. 不借儿子了，朋友也不行
　　B. 儿子可以借给朋友
　　C. 借儿子得保证限制他的饭量

3. 选择最接近下列画线词语或句子意思的解释

Choose the closest explanations for the following underlined words or sentences：

（1）<u>真是属老虎的</u>，随着儿子一天天长大，他对吃肉也越来越感兴趣。
　　A. 老虎能吃，他也能吃　　　　　　B. 他长得很像老虎
　　C. 老虎很重，他也很重

（2）不管是什么饭，只要有肉，他顿顿都<u>吃得有滋有味</u>。
　　A. 吃得不多　　　　B. 吃得高兴　　　　C. 吃不出味道

(3) 我在别人面前又不能限制他，于是他就会<u>放开肚子吃</u>。
   A. 没有限制地吃   B. 肚子疼也要吃   C. 身体不是很好

(4) 她是想让儿子到她家，为她那<u>半天吃不下一勺子饭</u>的宝贝女儿做个榜样。
   A. 吃饭时间太长   B. 不喜欢用勺子吃饭
   C. 不想吃饭

(5) 我正<u>暗暗叫苦</u>，另一位朋友又打来电话……
   A. 心里很高兴   B. 心里考虑着   C. 心里很发愁

(6) 儿子给这么借来借去的，不出几天，还不<u>吃成个什么样子了</u>！
   A. 吃得不舒服了   B. 吃得更胖了   C. 吃得太好了

(7) <u>不管是什么朋友</u>，从现在起，我的儿子概不外借！
   A. 不管是谁来借，我都不借
   B. 一般情况下"我"是不借的
   C. 儿子不打算借给陌生人

4. **用适当的词语填空** Fill in the blanks with the proper words：

(1) 于是我开始限制他的饭量，_____不愿意带他参加宴会——这种时候他往往最受别人_____。

(2) 我_____着别人的面又不能限制他。

(3) _____，朋友来找我，说要"借儿子用用"。_____，她是想让儿子到她家，为她那半天吃不下一勺子饭的宝贝女儿做个_____。

(4) 晚上儿子回来，_____着胖胖的手指头，告诉我他吃了多少块肉、多少个鸡腿……

(5) 我正暗暗_____，另一位朋友又打来电话，说听了_____那位朋友的介绍，借了我儿子回家后很有效，_____嘛……这还得了！儿子给这么借来借去的，不出几天，还不吃成个什么样子了！

快读部分

生 词 New Words

1.	就	jiù	(介)	with regard to, concerning, on
2.	事业	shìyè	(名)	career
3.	女性	nǚxìng	(名)	woman
4.	调查	diàochá	(动、名)	to investigate, to survey; investigation
5.	并重	bìngzhòng	(动)	to attach equal importance to
6.	性别	xìngbié	(名)	gender, sex
7.	标记	biāojì	(名)	sign, mark
8.	何必	hébì	(副)	there is no need, why
9.	分	fēn	(动)	to differentiate
10.	承担	chéngdān	(动)	to bear, to undertake
11.	男性	nánxìng	(名)	man, male
12.	财政	cáizhèng	(名)	finance
13.	平等	píngděng	(形)	equal
14.	管理	guǎnlǐ	(动)	to manage, to take care of

注 释 Note

一把抓　yì bǎ zhuā

全部掌握在自己手里，全部负责。

It means to take everything under control, or attend to everything oneself.

课 文 Text

谁来做家务？

字数：284字　　阅读时间：3分钟　　答题时间：8分钟

最近，一家报纸就事业与家庭问题在女性中作了一次调查。一半以上的女性的看法是事业与家庭并重。但是，在所有被调查的女性中，有34.5%的人选择了以家庭为重，真正选择以事业为重的只有11.2%。在调查中，55.6%的女性不愿意给家务事画上性别标记。她们认为，家务事"谁有时间谁就多做一点儿，何必分男女呢"。24.4%的女性认为"虽然女性可以多承担一些，但男性也不应该一点儿都不做"。而真正认为家务事应该"全部由女性承担"或"全部由男性承担"的只有3.4%和0.5%。64.1%的女性表示，她们并没有"家庭财政一把抓"，在她们的家庭里，更多的是夫妻双方一起平等地管理家庭财政。

练 习 Exercises

1. 根据课文内容回答问题 Answer the questions according to the text：

（1）文章提到的那次调查是就什么问题进行的调查？

_____

_____

（2）有多少女性选择以家庭为重？

_____

_____

（3）有多少女性认为家务事应该全部由男性承担？

_____

_____

（4）多数家庭怎么管理家庭财政？

_____

_____

2. 根据课文内容选择正确答案 Choose the right answers according to the text：

（1）认为事业与家庭一样重要的女性占多少？

　　　A. 超过50%　　　　B. 不到一半　　　　C. 34.5%

（2）选择以事业为重的女性占多少？

　　　A. 占大多数　　　　B. 只占一小部分　　　C. 约占一半

（3）很多女性认为家务事谁应该多干一些？

　　　A. 女的应该多干一些　　　　B. 男女都应该干一些

　　　C. 男的应该多干一些

（4）完全由妻子来管理家庭财政的情况多吗？

　　　A. 很多　　　　　B. 根本不存在　　　　C. 并不普遍

第十课
Lesson 10

3. 选择对下列词语或句子的正确理解

Choose the right explanations for the following words or sentences：

（1）事业与家庭并重

　　A. 事业比家庭更重要

　　B. 事业与家庭一样重要

　　C. 家庭比事业更重要

（2）以家庭为重

　　A. 认为家庭更重要

　　B. 认为家务事太重

　　C. 认为家庭不重要

（3）给家务事画上性别标记

　　A. 家务事就是男的或女的做

　　B. 家务事应男的和女的一起做

　　C. 男的和女的都不应做家务事

（4）谁有时间谁就多做一点儿，何必分男女呢？

　　A. 男的和女的都可以做家务事。

　　B. 不管男女，谁有时间谁就做。

　　C. 男的和女的一定要多花时间做家务事。

（5）家庭财政一把抓

　　A. 家里的钱都由一个人管

　　B. 把家里的钱管得很紧

　　C. 家庭收入都来自一个人

4. 用适当的词语填空 Fill in the blanks with the proper words：

　　最近，一家报纸_____事业与家庭问题在女性中作了一次调查。在所有被调查的女性中，有34.5%的人选择了_____家庭_____重，真正选择以事业为重的_____有11.2%。在调查中，55.6%的女性不愿意给家务事画上性别_____。她们认为，家务事"谁有时间谁就多做一点儿，_____分男女呢"。24.4%的女性认为"虽然女性可以多承担一些，但男性也不应该_____都不做"。而真正_____家务事应该"全部由女性承担"或"全部由男性承担"的_____3.4%和0.5%。64.1%的女性表示，她们并没有"家庭财政一把抓"，在她们的家庭里，_____的是夫妻双方一起_____地管理家庭财政。

第十一课　Lesson 11

细读部分

生　词　New Words

1.	检查	jiǎnchá	(动)	to check
2.	行程	xíngchéng	(名)	route or distance of travel
3.	周末	zhōumò	(名)	weekend
4.	网友	wǎngyǒu	(名)	e-pal
5.	峰	fēng		peak, summit
6.	亲近	qīnjìn	(动、形)	to be close to; intimate
7.	大自然	dàzìrán	(名)	Mother Nature
8.	自我	zìwǒ	(名)	ego, oneself
9.	放弃	fàngqì	(动)	to abandon, to give up
10.	咬牙	yǎo yá		to grit one's teeth
11.	坚持	jiānchí	(动)	to insist on, to persist in
12.	顶	dǐng	(名)	top, peak
13.	成功	chénggōng	(动、形)	to succeed; successful
14.	规律	guīlǜ	(名)	law, rule
15.	网络	wǎngluò	(名)	(the) Internet, network
16.	发布	fābù	(动)	to issue, to release

课 文 Text

户外活动

字数：374字　　阅读时间：5分钟　　答题时间：15分钟

星期六早上，天刚蒙蒙亮，石磊 (lěi) 就起床了。检查了一遍已经装好的登山包，穿上登山鞋，他开始了一天的行程。这个周末，他要和一些网友去登北京地区的最高峰——灵山。自从偶尔参加了一次户外活动，石磊就喜欢上了这项活动。他这样谈到自己第一次参加户外活动的感受："这是我参加过的最有意思的一次活动，它让我能够走出城市，亲近大自然，感受自我。那种轻松的感觉是平时的生活中没有的。更重要的是，当我爬山爬到一半，累得想要放弃的时候，我咬牙坚持了下来。当我站在山顶，那种成功的快乐是我从来没有感受到的。"他说，自从喜欢上户外活动，他的生活开始变得非常丰富，而且特别有规律：星期一和星期二，他会用下班后的时间在网络上查找下一次户外活动的地方；星期三在网络上发布计划；星期四和报名参加的网友们见面；星期五下班后买活动需要的东西；周末两天"到大自然中收获一个新的自我"。

练 习 Exercises

1. 根据课文内容回答问题 Answer the questions according to the text：

(1) 星期六早上，石磊准备做什么？

_____

_____

(2) 石磊第一次参加户外活动有什么样的感受？

_____

_____

(3) 石磊现在每个星期是怎么安排的？

_____

_____

2. **根据课文内容选择正确答案** Choose the right answers according to the text：

(1) 这次参加"户外活动"，石磊准备的东西里没有什么？
  A. 登山鞋　　　　B. 登山包　　　　C. 滑雪板

(2) 灵山在哪里？
  A. 北京地区　　　B. 西北地区　　　C. 东北地区

(3) 课文里没有提到"户外活动"可以怎么样？
  A. 亲近自然　　　B. 感受自我　　　C. 保持健康

(4) "户外活动"可以让人怎么样？
  A. 感受什么是累　　　B. 感受成功的快乐
  C. 保持认真的态度

(5) 喜欢上了"户外活动"之后，石磊变得怎么样？
  A. 生活内容更丰富了
  B. 不像过去那么好好儿工作了
  C. 每天上网找朋友

(6) 周末对石磊来说是个什么样的日子？
  A. 是很没有意思的买东西的日子
  B. 是在大自然中感受自我的日子
  C. 是待在家里好好儿休息的日子

3. 选择最接近下列画线词语或句子意思的解释

Choose the closest explanations for the following underlined words or sentences：

(1) 星期六早上，<u>天刚蒙蒙亮</u>，石磊就起床了。
  A. 天早就亮了　　B. 天还没大亮　　C. 天还很黑

(2) <u>他开始了一天的行程</u>。
  A. 他出发了　　B. 他准备好了　　C. 他回家了

(3) 这个周末，他要和一些<u>网友</u>去登北京地区的最高峰——灵山。
  A. 大学时的同学　　　　B. 网上认识的朋友
  C. 关系好的同事

(4) 它让我能够走出城市，<u>亲近大自然</u>，感受自我。
  A. 去农村　　B. 爱大自然　　C. 到大自然里去

(5) 当我爬山爬到一半，累得想要放弃的时候，<u>我咬牙坚持了下来</u>。
  A. 虽然牙疼但我一直坚持　　B. 不太情愿地干下去
  C. 忍住痛苦一直到最后

(6) 当我站在山顶，<u>那种成功的快乐是我从来没有感受到的</u>。
  A. 那种成功的快乐早就已经没有了
  B. 那种成功的快乐我一点儿也没感受到
  C. 那种成功的快乐是以前没有过的

(7) 自从喜欢上户外活动，他的生活开始变得非常丰富，而且<u>特别有规律</u>。
  A. 每天做什么都有特定安排
  B. 不断变化，总感到新鲜
  C. 做事很认真、很仔细

(8) 星期三在<u>网络上发布计划</u>；星期四和报名参加的网友们见面。
  A. 在网络上了解别人的计划

Lesson 11

B. 在网络上告诉别人自己的计划

C. 用电脑写自己的计划

4. 用适当的词语填空 Fill in the blanks with the proper words：

(1) ＿＿＿＿＿了一遍已经装好的登山包，穿上登山鞋，他开始了一天的＿＿＿＿＿。

(2) 自从＿＿＿＿＿参加了一次户外活动，石磊就喜欢上了这项活动。

(3) 当我爬山爬到一半，累得想要＿＿＿＿＿的时候，我咬牙＿＿＿＿＿了下来。

(4) 自从喜欢上户外活动，他的生活开始变得非常丰富，而且特别有＿＿＿＿＿。

(5) 星期一和星期二，他会用下班后的时间在网络上＿＿＿＿＿下一次户外活动的地方；星期三在网络上＿＿＿＿＿计划……

(6) 星期五下班后买活动＿＿＿＿＿的东西；周末两天"到大自然中＿＿＿＿＿一个新的自我"。

快读部分

生 词 New Words

1.	公司	gōngsī	（名）	company, corporation
2.	职员	zhíyuán	（名）	office worker, staff member
3.	戒	jiè	（动）	to give up, to drop, to stop
4.	原因	yuányīn	（名）	reason, cause

5.	体形	tǐxíng	(名)	figure, build
6.	睡懒觉	shuì lǎnjiào		to sleep in, to lie in
7.	有害	yǒu hài		harmful, pernicious
8.	询问	xúnwèn	(动)	to ask about, to inquire about
9.	革命	gémìng	(名)	revolution
10.	成	chéng	(量)	one tenth
11.	结构	jiégòu	(名)	composition, struture
12.	分析	fēnxī	(动)	to analyse
13.	占	zhàn	(动)	to account for
14.	精力	jīnglì	(名)	energy, vigor
15.	集中	jízhōng	(动)	to concentrate
16.	情绪	qíngxù	(名)	mood
17.	胃	wèi	(名)	stomach
18.	肠炎	chángyán	(名)	enteritis
19.	智力	zhìlì	(名)	intelligence
20.	寿命	shòumìng	(名)	life span
21.	总之	zǒngzhī	(连)	in a word, in short

课 文 Text

早饭吃不吃没关系吗？

字数：332字　　阅读时间：4分钟　　答题时间：8分钟

小王是一家公司的职员。从上大学那一天起，他就把早饭给"戒"了。原因很简单：早饭吃不吃没关系，而且不吃早饭，既节省了钱，又能保持体形，还能节省出时间睡一会儿懒觉。人们常说"不吃早饭有害健康",这话小王也听说过。但早饭"戒"了快十年了,自己活得好好儿的,看来早饭吃不吃没什么关系。

记者就小王的问题询问了一位营养学家。这位专家认为,中国人的早饭应该来一次革命:我们不仅要吃早饭,而且要吃好早饭。据调查,有四成的年轻人不吃早饭,还有相当多的人早饭结构不合理。这位营养学家给记者分析了吃早饭的重要性。早饭营养一般占全天营养的 1/3 以上,不吃早饭会造成精力不集中、情绪低落,容易引发胃病和肠炎,影响智力和寿命。真没想到一顿小小的早饭竟然这么重要。总之,早饭关系到人一生的健康。

练 习 Exercises

1. 根据课文内容回答问题 Answer the questions according to the text:

(1) 小王为什么"戒"了早饭?

(2) 小王为什么不相信"不吃早饭有害健康"这句话?

(3) 营养学家对中国人的早饭是怎么看的?

2. 根据课文内容选择正确答案 Choose the right answers according to the text：

(1) 小王"戒"掉早饭是在
    A. 到公司上班以后   B. 上大学的时候
    C. 问了营养学家以后

(2) 按照小王的看法
    A. 不吃早饭可以保持体形   B. 不吃早饭对身体不好
    C. 不吃早饭不能正常工作

(3) 据调查，不吃早饭的年轻人有
    A. 40%   B. 4%   C. 25%

(4) 早饭对人们来说，关系到
    A. 能不能省钱   B. 一生的健康   C. 工作态度

3. 选择对下列词语或句子的正确理解

Choose the right explanations for the following words or sentences：

(1) 把早饭给"戒"了
    A. 吃早饭是不好的习惯   B. 不再吃早饭了
    C. 告诉自己必须吃早饭

(2) 节省出时间睡一会儿懒觉
    A. 让自己有时间多睡一会儿
    B. 抽出时间多做一些工作
    C. 很多时候都想睡觉

(3) 自己活得好好儿的
    A. 工作很成功   B. 身体很健康
    C. 薪水很高

(4) 中国人的早饭应该来一次革命。
   A. 中国人的早饭应该有很大的改变。
   B. 中国人的早饭应该走向世界。
   C. 中国人应该重视吃早饭。

(5) 早饭结构不合理
   A. 吃早饭的时间不对
   B. 早饭有点儿吃不饱
   C. 早饭吃的东西不够合理

(6) 总之，早饭关系到人一生的健康。
   A. 总之，每一顿早饭都要吃得健康。
   B. 总的来说，要保持健康就要重视早饭。
   C. 总之，所有的人都要注意自己的健康。

4. 用适当的词语填空 Fill in the blanks with the proper words：

这位专家认为，中国人的早饭应该来一次_____：我们_____要吃早饭，而且要吃好早饭。_____调查，有四成的年轻人不吃早饭，还有相当多的人早饭结构不_____。这位营养学家给记者分析了吃早饭的_____。早饭营养一般_____全天营养的 1/3 以上，不吃早饭会造成精力不_____、情绪_____，容易引发胃病和肠炎，影响智力和寿命。真没想到一顿小小的早饭竟然这么重要。_____，早饭关系到人一生的健康。

第十二课　Lesson 12

细读部分

生　词　New Words

1.	哑巴	yǎba	（名）	person who is unable to speak
2.	手机	shǒujī	（名）	cellular phone
3.	车厢	chēxiāng	（名）	railway carriage
4.	奇怪	qíguài	（形）	strange, queer, weird
5.	电池	diànchí	（名）	(electric) cell, battery
6.	假装	jiǎzhuāng	（动）	to pretend
7.	残疾人	cánjírén	（名）	disabled (or handicapped) person
8.	骗	piàn	（动）	to deceive, to fool
9.	上当	shàng dàng		to be fooled, to be duped
10.	领情	lǐng qíng		to feel grateful, to appreciate one's kindness
11.	按	àn	（动）	to press, to push down
12.	挂	guà	（动）	to hang up, to ring off
13.	一边……一边……	yìbiān…yìbiān…		at the same time
14.	比画	bǐhua	（动）	to gesture, to gesticulate
15.	聋哑	lóng yǎ		deaf and dumb

注释 Notes

1 咿咿呀呀 yīyīyāyā

象声词，这里指让人弄不明白意思的声音。

This is an onomatopoeia used to describe the sound that is incomprehensible to people.

2 一头雾水 yì tóu wù shuǐ　be lost in fog

形容摸不着头脑，完全搞不懂。

It means one cannot understand something at all.

课文 Text

哑巴与手机（一）

字数：387字　　阅读时间：5分钟　　答题时间：15分钟

火车到达寿阳站的时候，车厢里挤过来一个满头是汗的男人。这个男人咿咿呀呀地指着手中的手机，显得很着急。真奇怪，哑巴还用手机？那时，我正好听完朋友打来的电话，那哑巴咿咿呀呀地指着我的手机"说"了半天，我也没有听懂他的意思。这时，站在我旁边的一位中年女人说话了。中年女人说，这个哑巴是想借你的手机电池用一下。听说现在经常有人假装成残疾人骗人，我才不会上当呢。但看着他那着急的样子，又不像是假装的。

打个电话不就是几块钱的事嘛，何必换电池？我说那就用我的手机打吧。哑巴摇了摇头。用我的手机打电话，不仅不用换电池，还节省了他的电话费，他遇到我这样的好人，还不领情！

换上我的电池，哑巴按了一个电话号码，但没过一会儿就把手机挂断了。他把电池拿下来还给我，感谢地看着我，咿咿呀呀地一边"说"一边用手比画了好几分钟，我却一头雾水。中年女人说自己是聋哑学校的老师，她把哑巴刚才的"话"翻译了一遍。

练 习 Exercises

1. 根据课文内容回答问题 Answer the questions according to the text：

（1）"我"在火车上遇到了一个什么人？

_____

_____

（2）这个人提出了什么要求？

_____

_____

（3）"我"按他的要求做了吗？

_____

_____

（4）这件事情有什么让"我"不明白的地方？

_____

_____

2. 根据课文内容选择正确答案 Choose the right answers according to the text：

（1）火车到达寿阳站的时候，火车上

    A. 有好几个残疾人　　　　B. 人很多，很拥挤

    C. 没有人带手机

(2) "我"感到很奇怪,因为
  A. 哑巴说话了   B. 哑巴还坐火车
  C. 哑巴还用手机

(3) 聋哑学校的女老师
  A. 向我借电池   B. 给哑巴当翻译
  C. 也是个哑巴

(4) 哑巴借完电池后怎么样打手机?
  A. 按完号码很快就挂断了   B. 说了很长时间
  C. 他请女老师为他打电话

(5) 哑巴很感谢"我",但"我"
  A. 觉得这没什么   B. 对他很不满意
  C. 不懂他的意思

3. **选择最接近下列画线词语或句子意思的解释**

   Choose the closest explanations for the following underlined words or sentences:

   (1) 火车到达寿阳站的时候,车厢里挤过来一个满头是汗的男人。
     A. 身体不舒服   B. 急得出了汗
     C. 车厢里太热

   (2) 真奇怪,哑巴还用手机?
     A. 哑巴不能用手机   B. 哑巴用不起手机
     C. 不会说话也能用手机

   (3) 听说现在经常有人假装成残疾人骗人,我才不会上当呢。
     A. 我经常受骗   B. 我决不上当
     C. 我刚才上过当

(4) 打个电话不就是几块钱的事嘛，何必换电池？

    A. 打电话不太贵　　　　　　B. 打电话要好几块钱

    C. 用手机打电话很容易

(5) 他遇到我这样的好人，还不领情！

    A. 接受了我的好意　　　　　B. 不接受我的好意

    C. 对我不满意

(6) 他把电池拿下来还给我，感谢地看着我，咿咿呀呀地一边"说"一边用手比画了好几分钟，我却一头雾水。

    A. 用手做动作代替说话　　　B. 继续打电话

    C. 说了许多感谢的话

4. 用适当的词语填空 Fill in the blanks with the proper words：

(1) 火车到达寿阳站的时候，车厢里_____过来一个满头是汗的男人。

(2) 那时，我正好_____完朋友打来的电话。

(3) 这时，站在我旁边的一位中年妇女_____了。

(4) 听说现在经常有人_____成残疾人骗人，我才不会上当呢。

(5) 用我的手机打电话，不仅不用换电池，还节省了他的电话费，他遇到我这样的_____，还不领情！

(6) _____上我的电池，哑巴_____了一个电话号码，但没过一会儿就把手机_____断了。

(7) 中年女人说自己是聋哑学校的老师，她把哑巴刚才的"话"_____了一遍。

第十二课 Lesson 12

快读部分

生 词 New Words

1.	出门	chū mén		to be away from home
2.	婚礼	hūnlǐ	（名）	wedding ceremony
3.	安装	ānzhuāng	（动）	to fix, to install
4.	显示	xiǎnshì	（动）	to show, to display, to manifest
5.	振动	zhèndòng	（动）	to vibrate
6.	接听	jiētīng	（动）	to answer (the phone)
7.	熟悉	shúxi	（形）	familiar
8.	祝福	zhùfú	（动）	to bless
9.	特殊	tèshū	（形）	special, peculiar
10.	报	bào	（动）	to report, to announce
11.	平安	píng'ān	（形）	safe and sound
12.	回音	huíyīn	（名）	reply

注 释 Note

呵呵 hēhē guffaw; laugh loudly
象声词，形容笑声。
It's an onomatopeia used to descrike the sound of laughter.

课文 Text

哑巴与手机（二）

字数：299 字　　阅读时间：3 分钟　　答题时间：8 分钟

原来，他的爱人也是个哑巴，他这次出门是去太原参加弟弟的婚礼。为了保持联系，他们在家里安装了可以显示电话号码的电话机。当丈夫出门的时候，妻子每过几个小时就给丈夫打个电话。丈夫感觉到手机振动，不接听，只是看着号码笑。那边妻子放下电话后，他再给妻子打回去。妻子也不接听，只是看着电话机上那熟悉的号码，为丈夫祝福。他们就用这种特殊的方式，一路上互相报着平安。

刚才，丈夫接到妻子打来的电话后，他的手机正好没电了，他不能给妻子打回去了。妻子打完电话后，收不到丈夫的回音，一定会很着急的。因为他和妻子"说"好了，只要平平安安，他就会马上"回电话"的。我这时才知道哑巴向我借电池，并坚持要用自己的手机回电话的原因。

练习 Exercises

1. 根据课文内容回答问题 Answer the following questions according to the text：

（1）哑巴这次出门去干什么？

___

（2）哑巴和在家的妻子怎么联系？

___

(3) 哑巴为什么要向"我"借电池？

_____

_____

2. 根据课文内容选择正确答案 Choose the right answers according to the text：

(1) 哑巴坐火车要去哪儿？
   A. 寿阳　　　　　　B. 太原　　　　　　C. 北京

(2) 哑巴家的电话机是什么样的？
   A. 不能接听电话　　　　　B. 可以翻译聋哑人的话
   C. 可以显示打来的电话号码

(3) 哑巴的妻子怎么样？
   A. 不是残疾人　　　B. 也不会说话　　　C. 会翻译手语

(4) 哑巴打手机是为了什么？
   A. 让妻子知道自己很平安　　　B. 想起什么事要告诉妻子
   C. 告诉妻子火车上太挤

(5) 哑巴坚持要怎么做？
   A. 买"我"的电池　　　　　B. 用自己的手机回电话
   C. 要"我"帮他打电话

3. 选择对下列词语或句子的正确理解

Choose the right explanations for the following words or sentences：

(1) 原来，他的爱人也是个哑巴。
   A. 他妻子曾经是一个哑巴。
   B. 他妻子本来就是一个哑巴。
   C. "我"现在才知道他妻子也是个哑巴。

(2) 妻子每过几个小时就给丈夫打个电话。
    A. 妻子打一个电话就是几个小时。
    B. 妻子一天里要打好几次电话。
    C. 妻子要丈夫常打电话。

(3) 一路上互相报着平安
    A. 在路上一直问家人的情况
    B. 在路上一直打电话报告平安
    C. 在路上和乘客们友好相处

(4) 收不到丈夫的回音
    A. 丈夫没有回电话   B. 丈夫没有回家
    C. 丈夫手机坏了

(5) 他和妻子"说"好了
    A. 两个人关系和好了   B. 两个人都很健康
    C. 两个人商量好了

4. 用适当的词语填空 Fill in the blanks with the proper words：

　　_____，他的爱人也是个哑巴，他这次出门是去太原_____弟弟的婚礼。为了保持_____，他们在家里安装了可以_____电话号码的电话机。当丈夫_____的时候，妻子每_____几个小时就给丈夫打个电话。丈夫感觉到手机振动，不_____，只是看着号码笑。那边妻子放下电话后，他再给妻子打回去。妻子也不接听，只是看着电话机上那_____的号码，为丈夫_____。他们就用这种_____的方式，一路上_____报着平安。

生词表
Vocabulary

A

爱情	àiqíng	（名）	5
安装	ānzhuāng	（动）	12
按	àn	（介）	2
按	àn	（动）	12
暗暗	àn'àn	（副）	10

B

掰	bāi	（动）	10
榜样	bǎngyàng	（名）	10
保持	bǎochí	（动）	8
保存	bǎocún	（动）	7
报	bào	（动）	12
报价	bàojià	（名）	9
比画	bǐhua	（动）	12
笔	bǐ	（量）	5
标记	biāojì	（名）	10
标志	biāozhì	（名）	4
宾馆	bīnguǎn	（名）	9
并重	bìngzhòng	（动）	10
播出	bōchū	（动）	4
不仅	bùjǐn	（连）	8
不快	búkuài	（形）	1
不时	bùshí	（副）	3

C

财政	cáizhèng	（名）	10
采访	cǎifǎng	（动）	4
采取	cǎiqǔ	（动）	3
残疾人	cánjírén	（名）	12
搀扶	chānfú	（动）	3
产品	chǎnpǐn	（名）	8
肠炎	chángyán	（名）	11
超标	chāo biāo		10
车厢	chēxiāng	（名）	12
成	chéng	（量）	11
成功	chénggōng	（动、形）	11
成熟	chéngshú	（动、形）	4
成文	chéngwén	（动）	3
承担	chéngdān	（动）	10
承受	chéngshòu	（动）	6

吃苦	chī kǔ		6
充足	chōngzú	(形)	2
重复	chóngfù	(动)	8
冲	chòng	(介)	7
抽空	chōu kòng		5
出版社	chūbǎnshè	(名)	4
出门	chū mén		12
传统	chuántǒng	(形、名)	1
此外	cǐwài	(连)	1
次数	cìshù	(名)	8
匆忙	cōngmáng	(形)	9
存折	cúnzhé	(名)	5

D

达	dá	(动)	2
大多	dàduō	(副)	3
大多数	dàduōshù	(名)	1
大自然	dàzìrán	(名)	11
当今	dāngjīn	(名)	7
倒	dǎo	(动)	7
登	dēng	(动)	9
登记	dēngjì	(动)	9
电池	diànchí	(名)	12
调查	diàochá	(动、名)	10
顶	dǐng	(名)	11
读物	dúwù	(名)	4

堵	dǔ	(动)	6
肚子	dùzi	(名)	10
多虑	duōlǜ	(动)	5
多事	duōshì	(动)	4
多余	duōyú	(形)	8

E

儿媳	érxí	(名)	3

F

发布	fābù	(动)	11
烦恼	fánnǎo	(名、形)	5
反感	fǎngǎn	(形)	1
方便	fāngbiàn	(形)	6
放弃	fàngqì	(动)	11
费用	fèiyong	(名)	9
分	fēn	(动)	10
分别	fēnbié	(副)	2
分析	fēnxī	(动)	11
丰富	fēngfù	(动、形)	1
风景	fēngjǐng	(名)	7
封面	fēngmiàn	(名)	4
峰	fēng		11
夫妻	fūqī	(名)	3

生词表
Vocabulary

户外	hùwài	（名）	2
欢喜	huānxǐ	（形）	3
还价	huán jià		9
黄金周	huángjīnzhōu	（名）	2
回音	huíyīn	（名）	12
婚礼	hūnlǐ	（名）	12

G

感受	gǎnshòu	（名）	5
高峰	gāofēng	（名）	2
高楼大厦	gāo lóu dà shà		7
革命	gémìng	（名）	11
隔	gé	（动）	7
公司	gōngsī	（名）	11
沟通	gōutōng	（动）	4
故乡	gùxiāng	（名）	7
挂	guà	（动）	12
观点	guāndiǎn	（名）	4
观念	guānniàn	（名）	8
管理	guǎnlǐ	（动）	10
惯例	guànlì	（名）	2
光顾	guānggù	（动）	8
规矩	guīju	（名）	3
规律	guīlǜ	（名）	11
过程	guòchéng	（名）	8

J

机构	jīgòu	（名）	8
即使	jíshǐ	（连）	4
集中	jízhōng	（动）	11
纪念	jìniàn	（动）	5
家务	jiāwù	（名）	1
家长	jiāzhǎng	（名）	4
假装	jiǎzhuāng	（动）	12
假期	jiàqī	（名）	2
坚持	jiānchí	（动）	11
检查	jiǎnchá	（动）	11
建议	jiànyì	（动、名）	4
建筑	jiànzhù	（名、动）	7
角落	jiǎoluò	（名）	7
叫苦	jiào kǔ		10
接受	jiēshòu	（动）	1
接听	jiētīng	（动）	12
节省	jiéshěng	（动）	9
节奏	jiézòu	（名）	7

H

好奇	hàoqí	（形）	6
合理	hélǐ	（形）	8
合算	hésuàn	（形）	9
何必	hébì	（副）	10

结构	jiégòu	（名）	11
戒	jiè	（动）	11
精力	jīnglì	（名）	11
景点	jǐngdiǎn	（名）	2
景象	jǐngxiàng	（名）	3
酒吧	jiǔbā	（名）	1
就	jiù	（介）	10
聚会	jùhuì	（动）	1
绝	jué	（副）	8

K

| 看望 | kànwàng | （动） | 5 |
| 考虑 | kǎolǜ | （动） | 3 |

L

浪漫	làngmàn	（形）	5
唠叨	láodao	（动）	5
姥姥	lǎolao	（名）	7
乐趣	lèqù	（名）	9
冷清	lěngqing	（形）	3
礼品	lǐpǐn	（名）	4
例外	lìwài	（动）	7
零下	líng xià		2
领情	lǐng qíng		12
聋哑	lóng yǎ		12

| 旅行社 | lǚxíngshè | （名） | 9 |

M

满足	mǎnzú	（动）	1
面临	miànlín	（动）	6
面向	miànxiàng	（动）	8
庙会	miàohuì	（名）	3
名胜	míngshèng	（名）	9
明确	míngquè	（形）	8

N

男性	nánxìng	（名）	10
难怪	nánguài	（动、副）	1
难受	nánshòu	（形）	6
内容	nèiróng	（名）	4
能力	nénglì	（名）	1
泥土	nítǔ	（名）	7
娘家	niángjia	（名）	3
宁愿	nìngyuàn	（连）	6
女性	nǚxìng	（名）	10
女婿	nǚxu	（名）	3

O

| 偶尔 | ǒu'ěr | （副） | 7 |

P

排	pái	（动）	8
批	pī	（量）	3
偏	piān	（形）	2
骗	piàn	（动）	12
平安	píng'ān	（形）	12
平等	píngděng	（形）	10
平衡	pínghéng	（形、动）	8
婆家	pójia	（名）	3

Q

其次	qícì	（连）	9
其实	qíshí	（副）	6
奇怪	qíguài	（形）	12
气温	qìwēn	（名）	2
恰恰	qiàqià	（副）	1
前提	qiántí	（名）	6
强	qiáng	（形）	1
强迫	qiǎngpò	（动）	4
亲近	qīnjìn	（动、形）	11
亲戚	qīnqi	（名）	5
情绪	qíngxù	（名）	11
晴朗	qínglǎng	（形）	2

R

绕道	rào dào		6
热爱	rè'ài	（动）	7
热量	rèliàng	（名）	8
人次	réncì	（量）	2

S

色彩	sècǎi	（名）	4
上当	shàng dàng		12
上升	shàngshēng	（动）	2
勺子	sháozi	（名）	10
少儿	shào'ér	（名）	4
设备	shèbèi	（名）	8
甚至	shènzhì	（连）	1
渗透	shèntòu	（动）	7
生理	shēnglǐ	（名）	8
失去	shīqù	（动）	5
食物	shíwù	（名）	1
市民	shìmín	（名）	2
事业	shìyè	（名）	10
手机	shǒujī	（名）	12
首先	shǒuxiān	（副、连）	9
寿命	shòumìng	（名）	11
舒适	shūshì	（形）	6

熟悉	shúxi	(形)	12	完整	wánzhěng	(形)	7
睡懒觉	shuì lǎnjiào		11	网络	wǎngluò	(名)	11
说服	shuōfú	(动)	3	网友	wǎngyǒu	(名)	11
死胡同	sǐ hútòng		6	往往	wǎngwǎng	(副)	10
随着	suízhe	(介)	1	旺季	wàngjì	(名)	9
				位于	wèiyú	(动)	7
				胃	wèi	(名)	11

T

特殊	tèshū	(形)	12	喂	wèi	(动)	10
提供	tígōng	(动)	8	卧铺	wòpù	(名)	9
提前	tíqián	(动)	6	误	wù		8
体现	tǐxiàn	(动)	7	雾气	wùqì	(名)	7
体形	tǐxíng	(名)	11				
天堂	tiāntáng	(名)	7				

X

挑剔	tiāoti	(形)	5	吸引力	xīyǐnlì	(名)	1
听话	tīng huà		4	喜悦	xǐyuè	(名)	5
同期	tóngqī	(名)	2	下降	xiàjiàng	(动)	2
突破	tūpò	(动)	6	吓人	xiàrén	(形)	7
图画	túhuà	(名)	4	鲜艳	xiānyàn	(形)	4
图书	túshū	(名)	4	显然	xiǎnrán	(形)	8
团聚	tuánjù	(动)	3	显示	xiǎnshì	(动)	12
团圆	tuányuán	(动)	3	县	xiàn	(名)	7
				限制	xiànzhì	(动)	10

W

				线路	xiànlù	(名)	9
外界	wàijiè	(名)	7	享受	xiǎngshòu	(动)	3
弯路	wānlù	(名)	6	项	xiàng	(量)	8
				效果	xiàoguǒ	(名)	10

Vocabulary 生词表

心理	xīnlǐ	（名）	4
新生儿	xīnshēng'ér	（名）	5
薪水	xīnshui	（名）	5
行程	xíngchéng	（名）	11
性别	xìngbié	（名）	10
酗酒	xùjiǔ	（动）	1
选择	xuǎnzé	（动、名）	6
血管	xuèguǎn	（名）	8
询问	xúnwèn	（动）	11

Y

哑巴	yǎba	（名）	12
宴会	yànhuì	（名）	10
咬牙	yǎo yá		11
要紧	yàojǐn	（形）	8
一辈子	yíbèizi	（名）	7
一边……一边……	yìbiān…yìbiān…		12
（一）概	(yí) gài	（副）	10
一眨眼	yì zhǎ yǎn		10
医疗	yīliáo	（名）	8
以往	yǐwǎng	（名）	2
饮料	yǐnliào	（名）	8
饮食	yǐnshí	（名）	8
营养	yíngyǎng	（名）	8
忧	yōu		3

游客	yóukè	（名）	2
游览	yóulǎn	（动）	9
有害	yǒu hài		11
有限	yǒuxiàn	（形）	6
余地	yúdì	（名）	9
预报	yùbào	（动、名）	2
预测	yùcè	（动）	6
预计	yùjì	（动）	2
元旦	Yuándàn	（专名）	4
原因	yuányīn	（名）	11
愿望	yuànwàng	（名）	5
月饼	yuèbing	（名）	1

Z

再说	zàishuō	（连）	9
葬礼	zànglǐ	（名）	5
责任	zérèn	（名）	8
增加	zēngjiā	（动）	6
占	zhàn	（动）	11
长辈	zhǎngbèi	（名）	5
丈母娘	zhàngmuniáng	（名）	3
照样	zhàoyàng	（副）	6
哲学家	zhéxuéjiā	（名）	7
振动	zhèndòng	（动）	12
征求	zhēngqiú	（动）	5
职员	zhíyuán	（名）	11

智力	zhìlì	（名）	11	专家	zhuānjiā	（名）	2
重视	zhòngshì	（动）	7	滋味	zīwèi	（名）	10
周末	zhōumò	（名）	11	自理	zìlǐ	（动）	9
皱眉	zhòu méi		1	自我	zìwǒ	（名）	11
住宿	zhùsù	（动）	9	自助游	zìzhùyóu	（名）	9
祝福	zhùfú	（动）	12	总之	zǒngzhī	（连）	11
专车	zhuānchē	（名）	9	粽子	zòngzi	（名）	1

部分练习参考答案
Answer key to some exercises

第一课　Lesson 1

细读部分

2. 根据课文内容选择正确答案
   (1) B　(2) A　(3) C　(4) C　(5) C　(6) A
3. 选择最接近下列画线词语意思的解释
   (1) B　(2) A　(3) C　(4) A
4. 用适当的动词填空
   (1) 要过　(2) 等　(3) 满足　(4) 玩儿　(5) 丰富

快读部分

1. 根据课文内容选择正确答案
   (1) C　(2) A　(3) B　(4) C　(5) B
2. 选择对下列词语或句子的正确理解
   (1) B　(2) A　(3) A　(4) C　(5) A　(6) A
   (7) A　(8) A

第二课　Lesson 2

细读部分

2. 根据课文内容选择正确答案
   (1) B　(2) C　(3) B　(4) A　(5) C　(6) A
3. 选择最接近下列画线词语意思的解释
   (1) C　(2) B　(3) A　(4) A　(5) B
4. 用适当的动词填空
   (1) 下　(2) 变　(3) 到来　(4) 穿　(5) 为　(6) 带
   (7) 适合

快读部分

1. 根据课文内容选择正确答案
   (1) B　(2) A　(3) C　(4) C　(5) A
2. 选择对下列词语或句子的正确理解
   (1) A　(2) B　(3) C　(4) B　(5) A
3. 用适当的词语填空
   景点　分别　人次　其中　下降

115

第三课 Lesson 3

细读部分

2. 根据课文内容选择正确答案
   (1) C (2) A (3) A (4) B (5) C
3. 选择最接近下列画线词语意思的解释
   (1) C (2) A (3) A (4) B (5) C
4. 用适当的动词填空
   (1) 接 (2) 包 (3) 坐 (4) 搀扶 领 (5) 显得
   (6) 享受 决定

快读部分

1. 根据课文内容选择正确答案
   (1) C (2) B (3) B (4) A (5) C
2. 选择对下列词语或句子的正确理解
   (1) A (2) B (3) B (4) C (5) A (6) B
3. 用适当的词语填空
   提出 考虑 觉得 说服

第四课 Lesson 4

细读部分

2. 根据课文内容选择正确答案
   (1) B (2) A (3) C (4) A (5) C (6) A
   (7) C (8) B
3. 选择最接近下列画线词语或句子意思的解释
   (1) A (2) B (3) C (4) A
4. 用适当的动词填空
   (1) 待 (2) 催 (3) 播出 说 (4) 沟通 (5) 同意 给
   (6) 强迫 理解

快读部分

1. 根据课文内容选择正确答案
   (1) B (2) C (3) C (4) A (5) C
2. 选择对下列词语或句子的正确理解
   (1) C (2) B (3) B (4) B
3. 用适当的词语填空
   发现 读物 感觉 用 吸引 肯定 希望

部分练习参考答案
Answer key to some exercises

第五课 Lesson 5

细读部分

2. 根据课文内容选择正确答案
   (1) B　　(2) A　　(3) C　　(4) C　　(5) A　　(6) A
   (7) B

3. 选择最接近下列画线词语或句子意思的解释
   (1) A　　(2) C　　(3) B　　(4) A　　(5) A　　(6) B

4. 用适当的动词填空
   (1) 换　参加　　(2) 交　　(3) 到　　(4) 喜欢　找
   (5) 说　怕　　(6) 给　　(7) 看望

快读部分

1. 根据课文内容选择正确答案
   (1) C　　(2) A　　(3) A　　(4) B　　(5) C

2. 选择对下列词语或句子的正确理解
   (1) A　　(2) C　　(3) B　　(4) A　　(5) B

3. 用适当的词语填空
   浪漫　特别　挑剔　征求　唠叨　抽空　多虑
   解释　希望　心里话

第六课 Lesson 6

细读部分

2. 根据课文内容选择正确答案
   (1) B　　(2) B　　(3) A　　(4) C　　(5) B　　(6) B

3. 选择最接近下列画线词语意思的解释
   (1) A　　(2) C　　(3) A　　(4) B　　(5) B　　(6) A

4. 用适当的动词填空
   (1) 增加　用　　(2) 预测　承受　　(3) 出　归　　(4) 提前
   (5) 开　堵　　(6) 知道　带

快读部分

1. 根据课文内容选择正确答案
   (1) B　　(2) A　　(3) B　　(4) C

2. 选择对下列词语或句子的正确理解
   (1) B　　(2) A　　(3) A　　(4) A　　(5) B　　(6) A

3. 用适当的词语填空
   只是　面临　难办　成功　宁愿　有限　有限

117

第七课 Lesson 7

细读部分

2. 根据课文内容选择正确答案
   (1) C   (2) A   (3) C   (4) B   (5) C
3. 选择最接近下列画线词语或句子意思的解释
   (1) B   (2) C   (3) C   (4) A
4. 用适当的动词填空
   (1) 位于   (2) 例外   (3) 出发 经过   (4) 隔
   (5) 保存   (6) 重视   (7) 体现 渗透

快读部分

2. 根据课文内容选择正确答案
   (1) C   (2) A   (3) A   (4) B   (5) C
3. 选择对下列词语或句子的正确理解
   (1) A   (2) B   (3) A   (4) B   (5) B
4. 用适当的词语填空
   什么　挤　当　反感　喜欢　就　只是

第八课 Lesson 8

细读部分

2. 根据课文内容选择正确答案
   (1) C   (2) A   (3) B   (4) C   (5) B
3. 选择最接近下列画线词语或句子意思的解释
   (1) C   (2) A   (3) B   (4) C   (5) A
4. 用适当的动词填空
   (1) 以为   (2) 提高   (3) 注意   (4) 挤   (5) 提前
   (6) 改变 服务 面向

快读部分

2. 根据课文内容选择正确答案
   (1) A   (2) C   (3) A   (4) B
3. 选择对下列词语或句子的正确理解
   (1) A   (2) B   (3) B   (4) A   (5) C   (6) B
4. 用适当的词语填空
   不管　都　相信　次数　如果　那么　坏事

Answer key to some exercises

第九课　Lesson 9

细读部分

2. 根据课文内容选择正确答案
   (1) C　(2) A　(3) C　(4) B　(5) A　(6) C
   (7) B　(8) B

3. 选择最接近下列画线词语或句子意思的解释
   (1) A　(2) B　(3) B　(4) B　(5) B　(6) C
   (7) B

4. 用适当的词语填空
   然后　但　比如　再说　因此　左右

快读部分

2. 根据课文内容选择正确答案
   (1) C　(2) A　(3) C　(4) B

3. 选择对下列词语或句子的正确理解
   (1) B　(2) C　(3) A　(4) A　(5) B　(6) B

4. 用适当的词语填空
   首先　其次　还有　第三　先　再　而且　因此

第十课　Lesson 10

细读部分

2. 根据课文内容选择正确答案
   (1) B　(2) A　(3) B　(4) A　(5) B　(6) B
   (7) A

3. 选择最接近下列画线词语或句子意思的解释
   (1) A　(2) B　(3) A　(4) C　(5) C　(6) B
   (7) A

4. 用适当的词语填空
   (1) 特别　喜欢　(2) 当　(3) 一天　原来　榜样　(4) 掰
   (5) 叫苦　前边　因此

快读部分

2. 根据课文内容选择正确答案
   (1) A　(2) B　(3) B　(4) C

3. 选择对下列词语或句子的正确理解
   (1) B　(2) A　(3) A　(4) B　(5) A

4. 用适当的词语填空
   就　以为　只　标记　何必　一点儿　认为
   只有　更多　平等

119

第十一课　Lesson 11

细读部分

2. 根据课文内容选择正确答案
 (1) C　(2) A　(3) C　(4) B　(5) A　(6) B

3. 选择最接近下列画线词语或句子意思的解释
 (1) B　(2) A　(3) B　(4) C　(5) C　(6) C
 (7) A　(8) B

4. 用适当的词语填空
 (1) 检查　行程　(2) 偶尔　(3) 放弃　坚持　(4) 规律
 (5) 查找　发布　(6) 需要　收获

快读部分

2. 根据课文内容选择正确答案
 (1) B　(2) A　(3) A　(4) B

3. 选择对下列词语或句子的正确理解
 (1) B　(2) A　(3) B　(4) A　(5) C　(6) B

4. 用适当的词语填空
 革命　不仅　据　合理　重要性　占　集中　低落　总之

第十二课　Lesson 12

细读部分

2. 根据课文内容选择正确答案
 (1) B　(2) C　(3) B　(4) A　(5) C

3. 选择最接近下列画线词语或句子意思的解释
 (1) B　(2) A　(3) A　(4) A　(5) B　(6) A

4. 用适当的词语填空
 (1) 挤　(2) 听　(3) 说话　(4) 假装　(5) 好人
 (6) 换　按　挂　(7) 翻译

快读部分

2. 根据课文内容选择正确答案
 (1) B　(2) C　(3) B　(4) A　(5) B

3. 选择对下列词语或句子的正确理解
 (1) C　(2) B　(3) B　(4) A　(5) C

4. 用适当的词语填空
 原来　参加　联系　显示　出门　过　接听　熟悉
 祝福　特殊　互相